200 recettes
Oméga-3

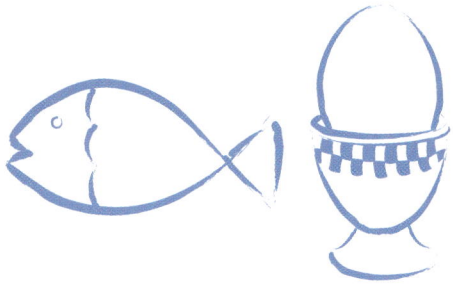

© 2007 Les Publications Modus Vivendi inc.
© des photographies

LES PUBLICATIONS MODUS VIVENDI INC.
55, rue Jean-Talon ouest, 2e étage
Montréal (Québec)
Canada
H2R 2W8

Directeur éditorial : Marc Alain
Idée originale : Marc-André Audet
Designer graphique et illustratrice : Émilie Houle
Photographe : André Noël
Assistant à la photo : Jean-Michel Poirier
Réviseur linguistique : Guy Perreault
Relectrice : Hélène Boulanger

Dépôt légal - Bibliothèque et Archives nationales du Québec, 2007
Dépôt légal - Bibliothèque et Archives Canada, 2007

ISBN-13 978-2-89523-469-2

Tous droits réservés. Imprimé au Canada. Aucune section de cet ouvrage ne peut être reproduite, mémorisée dans un système central ou transmise de quelque manière que ce soit ou par quelque procédé, électronique, mécanique, photocopie, enregistrement ou autre, sans la permission écrite de l'éditeur.

Nous reconnaissons l'aide financière du gouvernement du Canada par l'entremise du Programme d'aide au développement de l'industrie de l'édition (PADIÉ) pour nos activités d'édition.

Gouvernement du Québec - Programme de crédit d'impôt pour l'édition de livres - Gestion SODEC

Books Crossing Borders
110 West 40th St. #2305
New York, NY 10018
(212) 840-0400

J'aimerais remercier les compagnies montréalaises Danesco pour la jolie vaisselle et les beaux accessoires ainsi que la boutique 3 femmes et 1 coussin, située au 783 de la rue Gilford à Montréal, qui ont facilité mon travail de stylisme. Merci également à Cuisine Santé Internationale pour la qualité de leur batterie de cuisine et autocuiseurs utilisés dans la réalisation des recettes de ce livre. Une découverte délicieuse, les produits de chanvre bio riches en oméga-3 et cultivés au Québec de la compagnie Les Moissonneries du Pays par Les aliments Trigone.

Un merci particulier à toute l'équipe de Modus Vivendi pour leur collaboration et leur confiance, Marc Alain, Marc-André Audet, Isabelle Jodoin et Marie-Ève Poirier. Je tiens aussi à souligner l'expertise et la présence du Dre Louise D'Aoust tout au long de l'élaboration de ce beau projet de cuisine santé. Je remercie aussi une stagiaire très efficace, l'aide-cuisinière, Anne St-Cyr.

Enfin, la création de ce livre est le fruit de la générosité de gens de grand talent. Je dois souligner le travail de deux précieux collaborateurs, le photographe André Noël et la designer graphique Émilie Houle pour avoir, une fois de plus, rehaussé mes créations culinaires au niveau d'œuvre d'art, pour le plaisir des yeux de mes lecteurs !

Louise Rivard, auteure
Pour des informations supplémentaires
concernant les autres ouvrages publiés par
Louise Rivard, rendez-vous au www.louiserivard.com.

Préface
par Dre Louise D'Aoust, md, FRCP(C)

Depuis peu, les oméga-3 ont reçu la palme d'or en termes de publicité dans le domaine de la nutrition. On leur attribue de nombreuses vertus en santé cardiaque et de plus en plus, on s'intéresse à leurs propriétés en ce qui concerne la prévention d'autres maladies, comme la dépression et la maladie d'Alzheimer.

L'intérêt grandissant pour les oméga-3 tire son origine des résultats d'études de population chez les Inuits et les Japonais, qui montraient une association entre une consommation élevée de poisson et un faible taux de mortalité par maladie cardiaque. Les toutes premières études chez les Esquimaux du Groenland, il y a maintenant plus de 30 ans, suggéraient que la consommation de poisson protège contre les maladies cardiaques.

Malgré tous les attraits qu'on lui attribue, le poisson continue d'être boudé par les Québécois. Les Inuits du Québec en consomment près d'un kilo par semaine ; c'est facilement plus de 10 fois la moyenne québécoise !

Bien que le poisson gras soit l'aliment par excellence qui contient le plus d'oméga-3, on en retrouve aussi dans d'autres aliments. Peu importe la source, il est facile d'en consommer. Il s'agit tout simplement de trouver de bonnes idées pour les incorporer à nos menus, et c'est ce que nous propose l'auteure de ce livre avec d'excellentes recettes, toutes aussi originales et délectables les unes que les autres.

Et si vous désirez en savoir plus sur les oméga-3, les prochaines pages risquent de vous intéresser. À vos marmites et bonne lecture !

Dre Louise D'Aoust, md, FRCP(C)
Gastroentérologue, Hôpital Saint-Luc du CHUM
Chargée d'enseignement clinique, Faculté de médecine, Université de Montréal

Introduction
par Louise Rivard

Je vous invite à découvrir un éventail de saveurs qui intègrent tout naturellement les oméga-3. Maintenant reconnus comme étant bénéfiques pour la santé, ces bons gras ajouteront la santé dans votre assiette !

Vous choisirez parmi plus de 200 recettes de mets simples et succulents que j'ai composées en collaboration avec la Dre Louise D'Aoust, gastro-entérologue et chargée d'enseignement clinique à la Faculté de médecine de l'Université de Montréal. Nous avons eu le souci d'intégrer le maximum d'oméga-3 dans l'élaboration de recettes saines et savoureuses pour toute la famille.

Découvrez la versatilité des poissons et des noix de Grenoble riches en oméga-3, l'utilisation des graines de lin et de chanvre ainsi que le choix de bonnes huiles. Vous aimerez servir de bons mijotés, des soupes réconfortantes ou encore égayer votre table d'une délicieuse entrée en favorisant toujours l'intégration de ces précieux oméga-3.

Pour ceux qui n'aiment pas le poisson, de succulentes solutions de rechange sont proposées dans plusieurs sections du livre. Savourez les plaisirs de manger santé !

Louise Rivard
Auteure

Les Oméga-3
pour en savoir plus...

Les gras dans notre alimentation

Il existe deux types de gras dans notre alimentation : les saturés et les insaturés. Les gras saturés sont responsables de l'augmentation du taux de cholestérol dans le sang, et c'est pour cette raison qu'on recommande d'en limiter la consommation. Les principales sources sont le beurre, le saindoux, la viande, le fromage, le lait entier et la crème. Les huiles de palme et de coco sont également riches en graisses saturées.

Les gras insaturés, quant à eux, sont divisés en deux catégories, soit les monoinsaturés et les polyinsaturés. Les monoinsaturés, aussi appelés oméga-9, sont présents dans l'huile d'olive, les avocats, la plupart des noix et des graines. Les polyinsaturés sont présents dans les huiles de maïs, de soya, de tournesol, de carthame, de sésame et leur margarine.

Les gras insaturés sont plutôt bénéfiques en ce qui concerne les taux de cholestérol dans le sang. Ceci ne veut pas dire qu'il faut en consommer abondamment. Au contraire, pas plus du tiers de nos calories ne doivent provenir des matières grasses, tous types de gras confondus.

Lorsque les gras insaturés sont soumis à un processus industriel appelé « hydrogénation », leur structure change. L'huile liquide prend la forme d'une graisse solide et il y a formation d'acides gras appelés « trans ». Ces acides gras se comportent comme les gras saturés. Ils perdent leur propriété bénéfique et augmentent donc le taux de mauvais cholestérol dans le sang. C'est pourquoi il est recommandé de limiter notre consommation de produits de transformation riches en acides gras trans, comme le saindoux, les margarines partiellement ou entièrement hydrogénées, les croustilles, les frites, les desserts et les biscuits commerciaux, souvent à base d'huile hydrogénée.

Les oméga-3 et les oméga-6 : deux cousins dans la famille des polyinsaturés

Les oméga-3 et les oméga-6 font partie de la grande famille des gras polyinsaturés. Ils sont dits pour la plupart « essentiels » puisque notre corps est incapable d'en produire. Par conséquent, nous devons en consommer pour prévenir une carence alimentaire.

Les oméga-3 proviennent soit de source végétale, soit de source marine. Les oméga-3 de source végétale se présentent sous forme d'acide alpha-linolénique (ALA) alors que ceux de source marine se présentent sous forme d'acide eicosapentaenoïque (EPA) et d'acide docosahexaenoïque (DHA). Fait intéressant, ce sont principalement les algues qui produisent le plus d'EPA et de DHA, et puisque les poissons en consomment beaucoup, ceci explique leur teneur élevée en oméga-3.

À partir du foie, notre corps peut convertir les oméga-3 de source végétale (ALA) en EPA et en DHA. Mais cette conversion chez l'être humain est relativement peu efficace et n'est de pas plus de 5 à 10 % en EPA et de 2 à 5 % en DHA.

Pour ce qui est des oméga-6, on en trouve abondamment dans notre alimentation sous forme d'acide linoléique dans les huiles de maïs, de soya, de tournesol, la viande, les œufs et plusieurs autres produits alimentaires.

Mais pourquoi les oméga-3 font-ils couler autant d'encre ?

Ces dernières années, plusieurs études scientifiques ont démontré que les oméga-3 sont bénéfiques et aident à faire diminuer les risques de maladies cardiaques, d'accidents vasculaires cérébraux (AVC) et de mort subite. Avec aussi peu qu'une portion de poisson par semaine, vous pourrez bénéficier de l'effet « cardioprotecteur » des oméga-3, et plus vous en consommez, meilleures sont vos chances d'avoir un cœur en santé ! En consommant jusqu'à quatre portions de poisson par semaine, on diminue le risque de mourir d'une maladie cardiaque de 23 % ! Voilà une bonne raison de tomber en amour avec le poisson ! Chez les personnes souffrant déjà d'une maladie de cœur, la consommation régulière d'oméga-3 sous forme marine peut aussi faire diminuer les risques de mortalité et d'être victime d'un autre incident cardiaque dans une proportion de 20 à 30 %.

Comment les oméga-3 nous protègent-ils ?

Les oméga-3 nous protègent en prévenant la coagulation du sang, c'est-à-dire, la formation d'un caillot pouvant obstruer une artère du cœur et mener à une crise cardiaque.

Ils nous protègent aussi en réduisant de 10 à 40 % la quantité de triglycérides dans le sang (un type de gras ayant des effets négatifs).

Outre leur effet bénéfique sur le cœur, les oméga-3 ont des propriétés anti-inflammatoires, c'est-à-dire qu'ils diminuent la formation de molécules inflammatoires. Ils seraient potentiellement bénéfiques, sous forme marine (EPA et DHA), en ce qui a trait à l'arthrite rhumatoïde. La consommation régulière de poisson pourrait également nous protéger contre la maladie d'Alzheimer. Bref, mangeons du poisson !

De la compétition dans la famille...

Une fois dans notre organisme, les oméga-6 font concurrence aux oméga-3 pour les mêmes enzymes. Les enzymes agissent comme courroie de transmission ; nous en possédons un nombre limité. Lorsque notre alimentation est nettement plus riche en oméga-6 qu'en oméga-3, le corps va de préférence utiliser et convertir les oméga-6 au détriment des oméga-3. Ces derniers ne sont donc plus exploités à leur juste valeur. Ce déséquilibre induit un état plus propice aux maladies cardiaques et aux troubles inflammatoires.

Mais où retrouve-t-on exactement les oméga-3 ?

Les principales sources d'oméga-3 sous forme d'EPA et de DHA sont les poissons gras et leur huile. Parmi ceux-ci, mentionnons **le thon, le saumon, le maquereau, le hareng, la truite, le flétan du Groenland, les sardines et le bar**. On en retrouve à un moindre degré dans les moules bleues et un peu dans les crevettes.

Les sources végétales d'oméga-3 sont **l'huile et les graines de lin, les graines de chanvre, les graines de citrouille, les noix de Grenoble, l'huile de canola, l'huile de chanvre, l'huile de soya et les fèves de soya**. Mais n'oubliez pas, comme notre corps ne parvient à convertir qu'une petite quantité de ce type d'oméga-3 en EPA et en DHA, il faut en consommer beaucoup plus pour obtenir la même quantité que celle qu'on retrouve dans une portion de poisson gras.

Certains produits commerciaux contiennent aussi de petites quantités d'oméga-3, notamment le lait et les œufs oméga-3. Dans le cas du lait, il a été additionné d'huile de lin alors que pour les œufs, l'alimentation des poules pondeuses a été enrichie en graines de lin.

Les sources d'oméga-3 sont-elles toutes aussi bénéfiques ?

Les effets sur la santé du cœur ont surtout été observés avec des apports provenant des poissons gras, d'huile de poisson ou de suppléments contenant ces composés. Les données probantes en provenance des oméga-3 de source végétale sont moins significatives. Donc, si vous avez le choix, consommez du poisson !

Les oméga-3 : à traiter aux petits oignons !

Les oméga-3 sous forme végétale sont fragiles. Il faut les traiter aux petits oignons ! L'huile de lin, de chanvre et les graines de lin moulues doivent être conservées au réfrigérateur, à l'abri de la lumière, sinon elles perdent leurs propriétés bénéfiques. Si vous les utilisez dans la cuisson, la chaleur va détruire leur teneur en oméga-3. Idéalement, réservez l'huile pour les vinaigrettes ou parfumez vos plats d'huile ou de graines moulues après la cuisson.

En ce qui concerne les poissons gras, qu'ils soient cuits au four, à la poêle ou sur le barbecue, vous allez retrouver une bonne quantité d'oméga-3 de source marine. Vous n'êtes donc pas obligé de les consommer uniquement en sushi, bien que ce soit une excellente façon d'apprêter le poisson !

Quelle quantité d'oméga-3 devrions-nous consommer ?

L'American Heart Association recommande de consommer du poisson gras au moins deux fois par semaine. Pour les personnes qui souffrent de maladie cardiaque, on recommande 1 g par jour d'oméga-3 sous forme marine (EPA et DHA). Selon la variété de poissons gras, 1 g est l'équivalent d'environ une portion de 90 g, soit la grosseur de la paume de la main.

Si vous prévoyez augmenter votre consommation en oméga-3 sous forme de capsules d'huile de poisson ou autres, parlez-en avec votre médecin, et ce, particulièrement si vous prenez des médicaments qui éclaircissent le sang, comme le coumadin.

Mais les poissons ne sont-ils pas dangereux pour la santé à cause de leur toxicité ?

Certains poissons peuvent contenir des substances toxiques en faible quantité. Cependant, les vertus du poisson excèdent largement les risques d'exposition aux contaminants. Par exemple, le saumon et la truite ne contiennent que de faibles quantités de toxines. De plus, plus le poisson est gros et se trouve à la fin de la chaîne alimentaire (les poissons prédateurs comme le thon, par exemple), plus il risque d'avoir une teneur élevée en contaminants.

Le contenu en mercure de la plupart des poissons sur le marché se situe sous la norme fixée par Santé Canada. Par contre, on recommande de limiter la consommation de l'espadon, du requin et du thon frais ou congelé à un repas par semaine à cause de leur teneur plus élevée en mercure. Les jeunes enfants, les femmes enceintes et celles qui allaitent ou qui planifient une grossesse ne devraient pas manger ces poissons plus d'une fois par mois. Pour les autres poissons, comme le saumon ou la truite, il n'y a pas de restriction.

Puisque la teneur en mercure du thon en conserve est habituellement inférieure à celle du thon frais ou congelé, il n'est donc pas assujetti à la limite de consommation du thon frais ou congelé. Le thon en conserve regroupe plusieurs variétés, ce qui explique sa teneur plus faible en mercure.

Enfin, les ministères de l'Environnement et de la Santé et des Services sociaux du Québec ont publié un Guide de consommation du poisson de pêche sportive en eau douce (voir lien Internet dans la bibliographie). Pour savoir quels poissons de pêche sportive sont les plus susceptibles d'être exposés aux contaminants, consultez le guide qui vous informera au sujet de certaines restrictions de consommation qui s'imposent selon la taille et l'espèce. Les femmes enceintes ou qui allaitent doivent être particulièrement sensibles à ces recommandations.

Tableau
des ingrédients Oméga-3

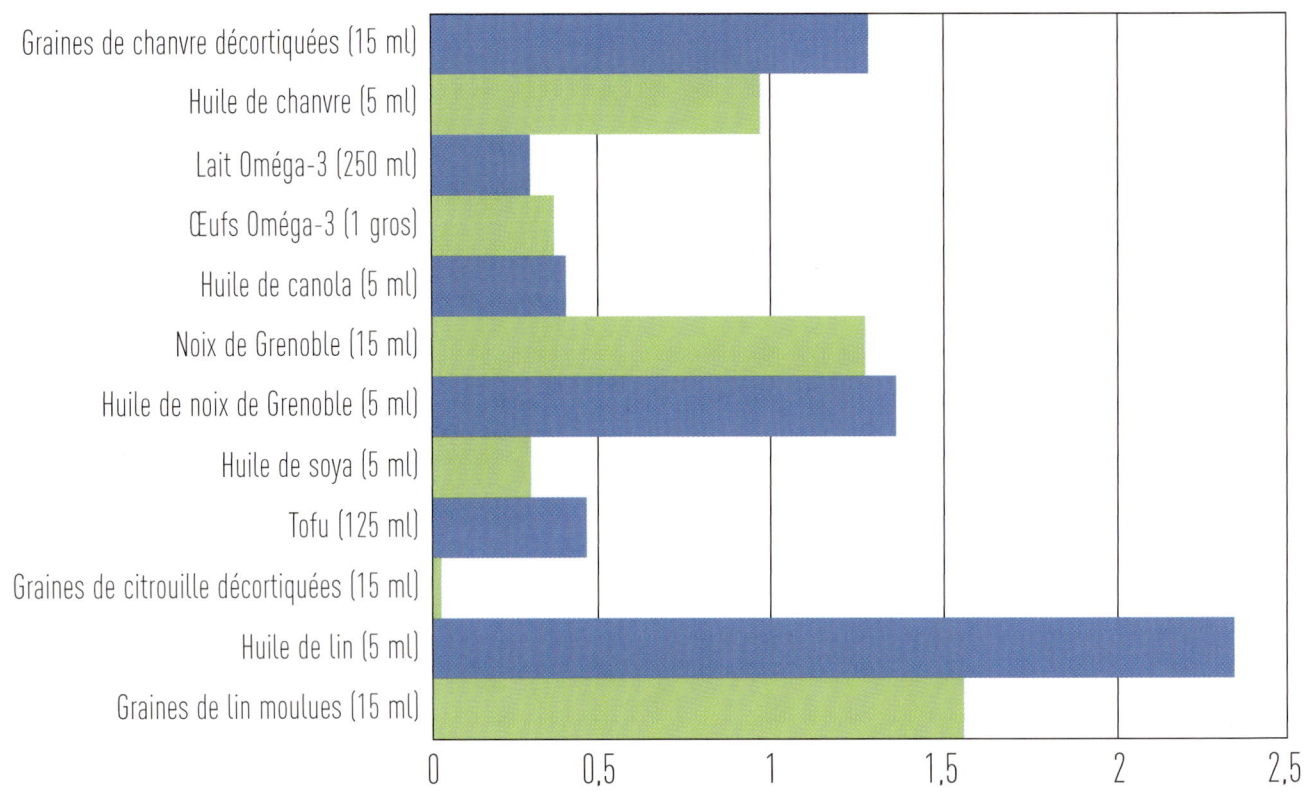

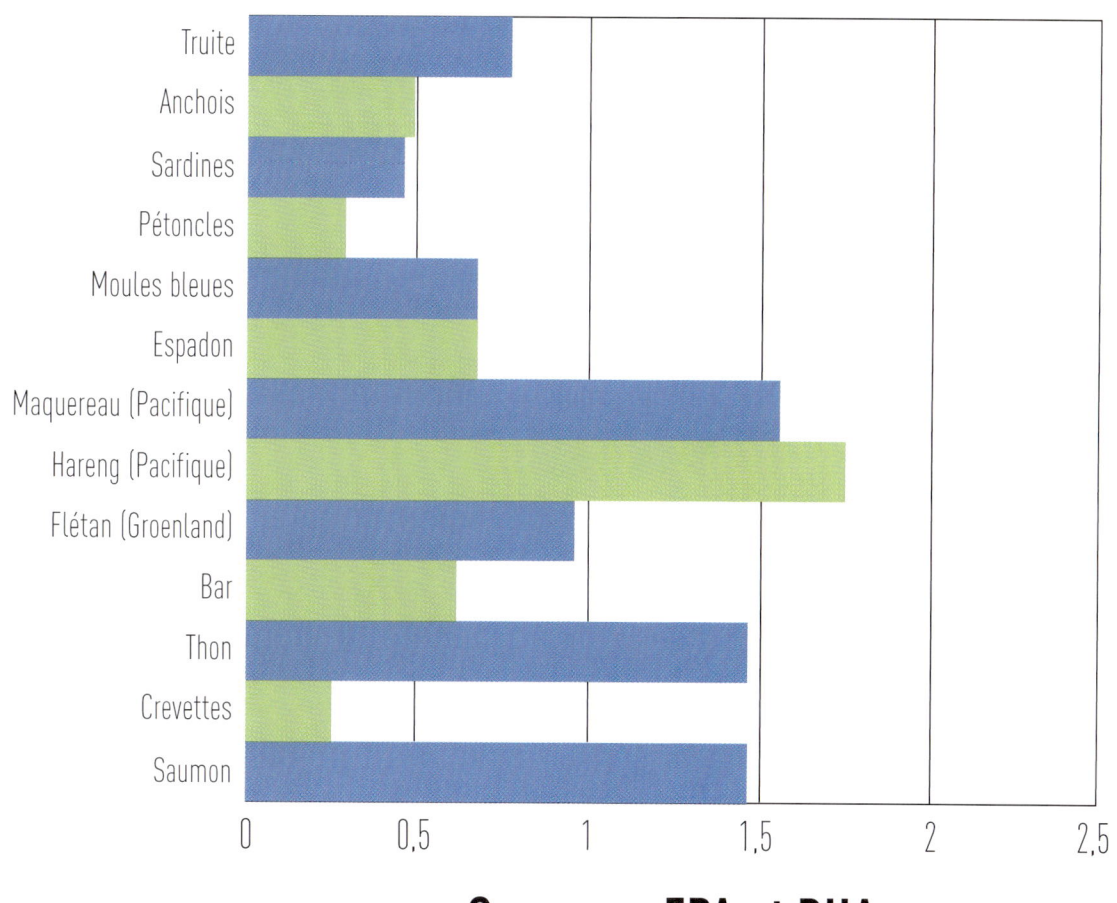

Table des matières
De bons choix dans nos petits plats!

Préface du Dre Louise D'Aoust	7
Introduction de l'auteure	9
Les Oméga-3, pour en savoir plus...	11
Tableau des ingrédients Oméga-3	14

Entrées et bouchées

Albondigas	32
Banderillas de rigatonis farcis, saumon, noix, sauce pesto rouge et verte	44
Banderillas d'œufs de caille à la truite fumée	26
Beignets de sardines pimentés	26
Boules abricots et graines oméga-3	60
Boules aux tomates séchées et chanvre	60
Boules de fromage au saumon fumé	60
Boules de fromage aux noix et aux canneberges	60
Boulettes de riz crevettes et maquereau	66
Brochettes de papaye, bleuets et saumon	56
Canapés aux œufs	36
Canapé de pastèque et saumon	64
Canapés de pommes de terre	62
Canapés de tofu	58
Champignons marinés	30
Concombres farcis à la truite, chèvre et canneberges	58
Crostinis	36
Cuillères de mousse pomme et concombre	42
Cuillères de poisson fumé sur gelée	46
Cuillères de tartare au maquereau	46
Cuillères de tartare de saumon et de pétoncles	40
Entrée de carpaccio d'espadon à l'agrume	50
Feuilletés de sardines aux tomates séchées	34
Fraises cocktail	52
Mangue et saumon	38
Minis brochettes de thon à l'orange	56
Minis pâtés au saumon	66
Minis pizzas espagnoles (Coca majorquine)	20
Moules aux légumes gratinées	32
Olives noires marinées	34
Olives vertes marinées	48
Palourdes farcies au saumon fumé	24
Pâté japonais au thon	38
Petits aspics cocktail	54
Petits piments cocktail	54
Rouleaux d'épinards à l'andalouse	30
Rouleaux de printemps au pesto	22
Roulés de courgettes farcies	52
Salade de thon mexicaine sur endives	22
Salpicon Oméga-3 +	28
Scampis cocktail	28
Tartinade au saumon fumé	40
Tomates cocktail oméga-3	50
Trempette au saumon	64
Trempette aux pommes et aux noix	62
Tuiles au fromage et compote aux figues et aux noix de Grenoble	48

Déjeuners et brunchs

Beurre de dattes à l'orange	90
Blinis Express	88
Carrés de polenta grillés sucrés-salés	78
Cassolettes d'oeufs et tomates	72
Coupes de yogourt au muesli épicé	80
Crêpes américaines	84
Gaufres à l'ancienne à la farine de kamut	82
Gruau au sarrasin (sans gluten)	80
Muffins aux raisins et strudel aux noix	88
Œuf miroir et hareng fumé au foie de veau	74
Œuf et saumon fumé sur muffin anglais	70
Œufs farcis à la truite fumée	74
Omelette étagée au saumon fumé	70
Omelette style espagnol	72
Pain doré au safran	84
Pêches farcies au ricotta et aux noix	76
Pouding au pain	76
Soufflés aux noix	86
Tartinade aux noix et à l'érable	90

Lunchs et salades

Burgers au saumon	116
Croque-madame au saumon	118
Feuilleté de la mer	102
Hareng fumé à l'européenne	94
Minis frittatas oméga-3	106
Muffins à l'oignon et au saumon fumé	108
Œufs farcis à la chair de crabe et avocat	112
Œufs farcis au thon et poivron rôti	112
Pain doré aux herbes	106
Petits pains au thon et aux herbes	110
Rouleaux aux œufs à l'orientale	104
Salade au saumon mariné	104
Salade aux noix et pois chiches	114
Salade de canard à l'orange	100
Salade de figues, chèvre et noix	102
Salade croquante aux petits fruits	100
Salade de poires à la pomme grenade	116
Salade de pommes croquantes	98
Salade de sardines à la courgette	96
Salade de saumon à l'avocat	94
Salade de saumon fumé pique-nique	110
Salade de thon style méditerranéen	96
Salade Niçoise	98
Sandwich au thon grillé	118

Soupes et potages

Bouillons et bases de bouillon	122
Fumet de poisson oméga-3 +	122
Fumet de poisson régulier	122
Chaudrée de saumon et fruits de mer	140
Crème au melon et aux carottes	124

Crème de carottes à l'ananas 138
Crème de cresson aux poires 140
Crème de lentilles style cuisine indienne 128
Potage aux noix de Grenoble 136
Potage express au tofu et crevettes 136
Potage oméga-3 + tomate et poivron grillé 126
Potage santé au maquereau 132
Soupe automnale au thon et quinoa (sans gluten) 130
Soupe aux 2 poissons et à l'anis étoilé 128
Soupe de pétoncles aux légumes 134
Soupe de poisson à la provençale 124
Soupe de poisson blanc à la menthe 138
Soupe du pêcheur 134
Soupe mixte aux légumes et nouilles 142
Soupe wonton aux poissons 132
Velouté d'asperges au poisson fumé 142
Velouté de saumon safrané aux moules 126

Accompagnements
Asperges grillées au chèvre et aux noix 146
Betteraves à l'huile de noix 152
Chou kale à la sauce aux noix 150
Choux de Bruxelles relevés aux noix 150
Croustade aux courgettes 148
Épinards et cresson crémeux aux noix 152
Figues farcies aux noix 146
Légumes au chèvre à la sauce framboise 154
Pommes sautées aux noix 148
Poulet aux noix et pomme grenade 154

Viandes et volailles
Carré d'agneau pané aux graines de chanvre
  et petits pois à la menthe et à l'huile de noix 166
Chaussons vite faits bœuf et noix 160
Filet de porc farci aux noix et aux canneberges 166
Marinade douce au citron 162
Pain de viande relevé aux noix 160
Pilons de poulet panés style indien 158
Pommes de terre en purée au pesto 162
Poulet croustillant 164

Pâtes et sauces
Lasagne aux 2 saumons et aux épinards 170
Nouilles et légumes sautés à l'orientale 186
Pâtes à la crème et au saumon fumé 176
Pâtes à la sauce au citron thym 186
Pâtes à la sauce blanche et truite grillée 178
Pâtes au maquereau à la sicilienne 176
Pâtes au Roquefort 174
Pâtes au thon sauce Aurore 180
Pâtes aux noix et au beurre de sauge 188
Pâtes aux oignons caramélisés 182
Pâtes aux tomates et au thon cru en sauce à l'ail 184
Pâtes et espadon au saucisson Calabrese 192
Pâtes et maquereau aux tomates grillées 172
Pâtes et poisson au beurre Maître d'hôtel 178
Pâtes et thon au curry vert 174
Pâtes japonaises au gingembre et au thon grillé 190

Pâtes rapides au beurre safrané 188
Poisson et pâtes en sauce au safran 194
Raviolis à l'ail, saucisses et noix 190
Raviolis de poisson et fruits de mer 172
Salade de pâtes froides au poisson cru 184

Poissons et fruits de mer
Brochettes de poisson chermoula 206
Brochettes de poisson et crevettes à la mangue 224
Calmars farcis à la créole 198
Darnes de saumon à l'ail confit 218
Escabèche de poisson à l'ancienne 218
Escalopes de saumon à la réglisse 204
Escalopes de saumon en sauce à la ciboulette 216
Filet citronné express 222
Filet de bar au cidre 210
Filet de flétan sauce curry 224
Filet de saumon grillé à l'orange 202
Filet de saumon sauce moutarde 214
Filet de sole en kimono 220
Fondue au poisson et fruits de mer 206
Gratin de poisson parmentier 202
Pizza rapide au saumon fumé 200
Poisson blanc poché style thaïlandais 212
Poisson en papillote 204
Poisson aux épinards et sauce cresson 214
Saumon grillé au fromage de chèvre 222
Soufflé de poisson 208
Souvlakis d'espadon 210
Tartare de thon et pétoncles à la coriandre 220
Tartare de truite à la poire 216
Thon braisé aux champignons 208
Truite grillée sauce à la lime 212

Mijotés et ragoûts
Cassoulet de la mer 235
Mijoté à la portugaise 230
Mijoté au chocolat 232
Mijoté aux œufs et au saumon oméga-3 + 234
Mijoté aux sardines style mexicain 236
Ragoût de fruits de mer espagnol 228

Desserts et gâteries
Abricots aux noix et au chocolat 252
Biscuits chocOméga 248
Bouchées de chocolat noir épicé 254
Brochettes d'ananas en meringue 254
Brownies sans gluten 242
Carrés tendres aux dattes et aux noix 240
Crème glacée rapide aux pommes, cannelle et noix 242
Cigares aux noix avec feuille brick 252
Dattes farcies au fromage à l'orange 244
Dattes farcies aux noix 244
Fudge aux noix 240
Gâteau aux carottes et aux noix (sans gluten) 246
Noix et fruits séchés au miel épicé 248
Pop-corn aux fruits et aux noix 246
Sablés aux noix aromatisés au romarin 251

Entrées et bouchées

Croquez dans la couleur !

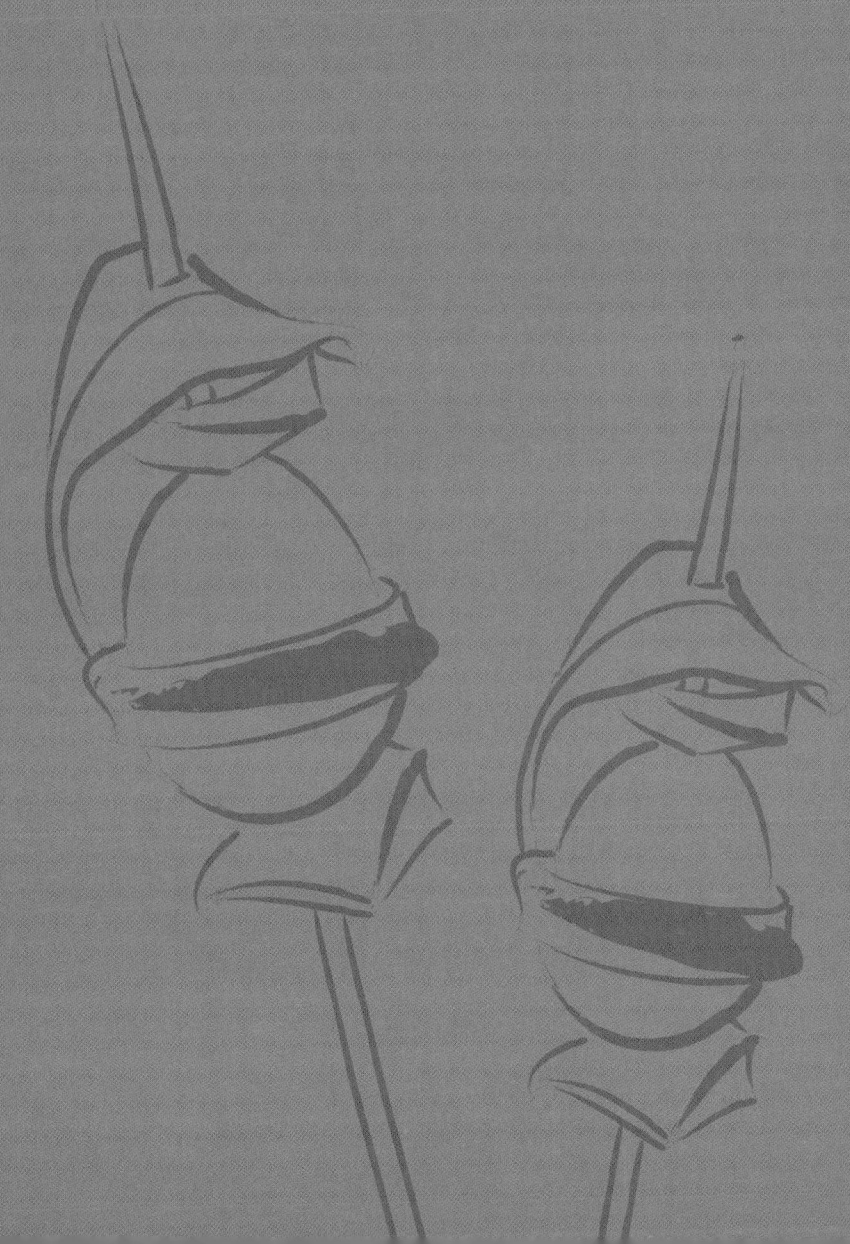

Minis pizzas espagnoles
Coca majorquine

2 portions

Garniture

1 c. à thé (5 ml) d'huile d'olive
1 oignon rouge en fines rondelles
1 poivron rouge coupé en dés
2 gousses d'ail hachées
1½ tasse (375 g) de tomates cerises
1 c. à soupe (15 ml) de vin rouge espagnol
1 oz (35 g) de saumon fumé en dés
1 tasse (250 g) d'épinards hachés
3 c. à soupe (50 ml) de fromage Manchego râpé ou parmesan
2 c. à soupe (30 ml) de persil frais haché
3 c. à soupe (50 ml) de pignons, de noix de Grenoble ou de graines de chanvre écalées
2 c. à soupe (30 ml) de graines de lin broyées
Huile supplémentaire (olive, chanvre)

Pâte à pizza maison

2 tasses (500 g) de farine de blé entier
½ c. à thé (2 ml) de sel
1 enveloppe (8 g) de levure de boulangerie
4 c. à soupe (60 ml) d'eau filtrée chaude
½ c. à thé (2 ml) de sucre
½ tasse (125 ml) de lait 1 % mg tiède
2 c. à soupe (30 ml) d'huile de canola ou de soya bio

Préparer la pâte à l'avance. Tamiser la farine avec le sel dans un bol, puis créer un puits au centre. Verser la levure dans une tasse et y ajouter 2 c. à soupe d'eau filtrée tiède et le sucre. Mélanger pour dissoudre complètement. Verser le mélange de levure et le lait tiède dans le puits. Pétrir. Ajouter l'huile et continuer à pétrir jusqu'à ce que toute l'huile soit absorbée. Mettre dans un bol et recouvrir d'un linge ou de pellicule plastique et laisser gonfler pendant 1 à 2 heures. Pour ce faire, placer le bol dans un endroit chaud.

Quand elle a doublé de volume, pétrir la pâte sur une surface enfarinée à environ ⅛ pouce d'épaisseur. Tailler des cercles de pâte à l'emporte-pièce. Déposer une feuille de papier parchemin sur une plaque à cuisson. Déposer la garniture quand le four est à point. Donne 12 cercles de 3 pouces de diamètre ou 1 pizza de 12 pouces.

Pour les minis pizzas

Préchauffer le four à 450 ºF (220 ºC). Faire revenir l'oignon et les dés de poivron dans l'huile d'olive pour les attendrir. Ajouter l'ail avec les tomates cerises entières. Verser le vin rouge. Cuire à feu doux 2 minutes en remuant. Ajouter de l'huile au besoin. Laisser tiédir hors du feu. Ajouter le saumon fumé coupé en dés et les épinards. Déposer le mélange sur chaque cercle de pâte. Parsemer de fromage et de persil. Garnir de noix et de graines. Cuire sur la grille du bas environ 10 minutes ou jusqu'à ce que les bords soient dorés. Saupoudrer de graines de lin et vaporiser d'huile en fin de cuisson ou au moment de servir. Servir chaud ou tiède.

Minis pizzas espagnoles

Coca majorquine

Entrées et bouchées

Rouleaux de printemps
au pesto

4 portions

2 filets d'anchois hachés (facultatif)
2 branches de céleri
1 carotte moyenne
1 petit concombre
4 tomates moyennes
8 tomates séchées, dans l'huile
Fromage Manchego ou parmesan
1 c. à thé (5 ml) d'huile de canola
Fleur d'ail (facultatif)
8 tranches (3 oz - 75 g) de saumon fumé
8 galettes de riz

Pesto oméga-3

1 bouquet de basilic
1 bouquet de persil plat
2 gousses d'ail
3 c. à soupe (50 ml) de noix de Grenoble ou de graines de chanvre
3 c. à soupe (50 ml) de parmesan
5 c. à soupe (75 ml) d'huile d'olive
5 c. à soupe (75 ml) d'huile de noix

Faire tremper les anchois 15 minutes pour les dessaler. Trancher le céleri, la carotte et le concombre en lanières. Couper les tomates en deux et enlever les graines (pas la chair). Les couper en dés ainsi que les tomates séchées et les anchois. Déposer dans un saladier. Verser un filet d'huile de canola et parfumer à la fleur d'ail, puis ajouter le fromage. Tremper les galettes de riz dans l'eau tiède. Les éponger délicatement. Farcir, une galette à la fois, du mélange de tomates et ajouter le saumon fumé et les autres ingrédients, au goût. Rouler en fermant ou non les extrémités. Griller dans l'huile chaude ou servir crus. Déposer sur un lit de verdure et servir avec la sauce au pesto.

Pour le pesto, mélanger tous les ingrédients à l'aide d'un robot culinaire ou d'un mélangeur en versant l'huile en petite quantité à la fois. Conserver au réfrigérateur dans un contenant hermétique.

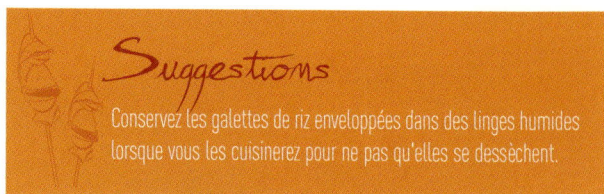

Suggestions
Conservez les galettes de riz enveloppées dans des linges humides lorsque vous les cuisinerez pour ne pas qu'elles se dessèchent.

Salade de thon
mexicaine sur endives

24 portions

1 boîte de thon blanc (4 oz - 90 g)
½ avocat Hass
1 tomate moyenne
3 poivrons colorés (¼ de chacun)
1 c. à soupe (15 ml) d'oignon
1 c. à thé (5 ml) de piment jalapenos haché
1 c. à thé (5 ml) d'huile de chanvre
2 c. à soupe (30 ml) de coriandre ciselée
⅔ tasse (160 ml) de yogourt faible en mg
1 c. à thé (5 ml) de moutarde de Dijon
1 c. à thé (5 ml) de jus de lime
2 endives
Sel et poivre

Égoutter le thon. Couper les légumes en dés. Déposer dans un petit bol. Arroser d'huile de chanvre et ajouter la coriandre ciselée. Verser le yogourt, la moutarde et le jus de lime. Mélanger. Assaisonner. Effeuiller les endives. Déposer une petite cuillère de thon crémeux par feuille. Ajouter les légumes. Garnir d'herbes fraîches, au goût.

Rouleaux de printemps

au pesto

Palourdes farcies
au saumon fumé

4 à 6 portions

2 douzaines de palourdes
2 tasses (500 ml) d'eau filtrée
½ tasse (125 ml) de vin blanc sec (facultatif)
1 petit oignon rouge haché
1 c. à thé (5 ml) d'huile d'olive
1 feuille de laurier
2 c. à soupe (30 ml) de persil frais haché
1 c. à soupe (15 ml) comble de farine
2 c. à soupe (30 ml) de saumon fumé haché
2 jaunes d'œufs oméga-3
Sel et poivre
1 pincée de Cayenne (facultatif)
Chapelure

Coulis de poivrons grillés

2 poivrons rouges grillés
¾ tasse (200 ml) de bouillon de poulet ou de légumes
Sel et poivre

Laver les palourdes. Cuire à découvert dans de l'eau avec le vin blanc. Dégager les palourdes de leur coquille. Conserver les coquilles; elles seront utilisées pour y déposer la farce. Jeter celles qui ne se sont pas ouvertes. Conserver le jus. Hacher les palourdes. Faire revenir l'oignon dans l'huile d'olive avec la feuille de laurier. Hors du feu, ajouter le persil frais et saupoudrer la farine en pluie. Mouiller avec le jus de cuisson. Ajouter les palourdes, le saumon fumé et les jaunes d'œufs. Assaisonner. Chauffer le four à l'option gril. Déposer à la cuillère dans les coquilles. Garnir de chapelure et passer sous le gril jusqu'à ce qu'elles soient bien dorées. Servir avec un coulis de poivrons rouges.

Pour le coulis, griller les piments rouges coupés en deux au four, sur une plaque à cuisson. Retirer la pelure dès qu'ils sont tièdes. Couper en lanières. Déposer dans le mélangeur ou dans le robot culinaire. Verser le bouillon de poulet ou de légumes. Mélanger jusqu'à consistance d'une purée ou d'une sauce plus lisse, au goût. Rectifier l'assaisonnement. Servir tiède en accompagnement avec les palourdes farcies.

Palourdes farcies

au saumon fumé

Banderillas d'œufs de caille
à la truite fumée

4 portions

2 douzaines d'œufs de caille
6 oz (150 g) de truite fumée
½ poivron vert et ½ poivron rouge sautés
1 c. à thé (5 ml) d'huile de canola
Feuilles de mâche ou roquette
Huile d'olive
12 brochettes de bois

Cuire les œufs dans l'eau bouillante. Écaler. Tailler des lanières de truite fumée pour entourer chaque œuf. Tailler des morceaux de poivron, les faire sauter dans l'huile de canola quelques minutes avant de les piquer aux extrémités des baguettes de bois. Garnir de laitue ou déposer sur une assiette garnie. Servir froid, nappé d'huile d'olive, si désiré.

Suggestions
Utilisez du canard fumé ou de la poitrine de dinde pour apporter une touche différente à cette entrée.

Beignets

de sardines pimentés

6 portions

6 oz (150 g) de chair de sardines
1 oignon
1 c. à thé (5 ml) d'origan frais
1 pincée de sel
½ c. à thé (2 ml) de pâte de piment
1 c. à thé (5 ml) de moutarde en poudre (facultatif)
1 c. à soupe (15 ml) d'huile d'olive extra vierge
Huile de canola pour la friture
3 œufs oméga-3
¾ tasse (180 g) de farine régulière (ou d'épeautre ou de kamut)
¾ tasse (180 g) de chapelure (environ)
2 c. à soupe (30 ml) de graines de lin broyées
2 c. à soupe (30 ml) de noix de Grenoble hachées
Sel et poivre

Sauce d'accompagnement aux tomates

1 c. à soupe de graines de lin ou de chanvre moulues, 1 c. à soupe d'huile d'olive extra vierge, 1 c. à soupe d'huile de canola, 1 c. à thé d'huile de chanvre ou ½ c. à thé d'huile de lin, 1 tasse de coulis de tomates, 1 c. à soupe de raifort préparé ou de moutarde de Dijon et sel et poivre noir moulu.

Utiliser des sardines nettoyées et rincées. Hacher l'oignon à l'aide d'un robot culinaire. Ajouter la chair de sardines, l'origan, une pincée de sel, la pâte de piment et la moutarde en poudre. Pulser en versant un filet d'huile d'olive jusqu'à l'obtention d'une pâte uniforme. Chauffer de l'huile de canola dans une poêle ou utiliser une friteuse. Former de petits beignets. Les passer dans les œufs battus et les enrober du mélange de farine et de chapelure. Frire plusieurs beignets à la fois, environ 3 minutes. Déposer sur du papier absorbant avant de préparer l'assiette de service. Recouvrir de papier d'aluminium. Servir chaud avec une sauce tomate à la moutarde ou au raifort.

Pour la sauce, mélanger tous les ingrédients. Conserver le surplus dans un contenant hermétique au réfrigérateur.

Banderillas d'œufs de caille

à la truite fumée

Entrées et bouchées

Salpicon
Oméga-3 +

4 à 6 portions

| 13 oz (350 g) de fruits de mer (calmars, crevettes, crabe, poulpe et moules) |
| 1/2 tasse (125 ml) de vin blanc sec |
| 1 poivron rouge moyen |
| 1 poivron jaune moyen |
| 1 oignon rouge moyen |

Marinade

| 1/4 tasse (60 ml) d'huile d'olive |
| 1/4 tasse (60 ml) d'huile de canola |
| 1 c. à thé de jus de citron |
| 1 c. à thé de jus de lime |
| 2 c. à soupe de vinaigre balsamique blanc |
| 1/4 c. à thé (1 ml) de miel (facultatif) |
| Sel et poivre noir fraîchement moulu |

Trancher les calmars en rondelles. Pocher les fruits de mer dans le vin blanc. Laisser refroidir. Couper les légumes en fines lanières. Fouetter les ingrédients de la vinaigrette dans un saladier. Assaisonner au goût. Ajouter les fruits de mer cuits. Mélanger délicatement pour bien les enrober. Recouvrir de pellicule plastique et laisser mariner au réfrigérateur 7 à 8 heures. Servir froid avec des quartiers de citron.

Suggestions
Pour gagner du temps, vous pouvez réaliser cette entrée avec des fruits de mer déjà cuits et congelés. Chauffez le vin et pochez-les 1 minute quand ils sont complètement décongelés.

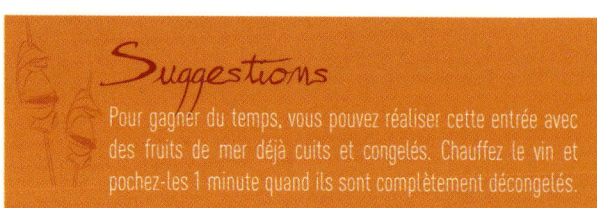

Scampis
cocktail

6 portions

| 6 queues de langouste 2 oz - 40 g chacune |
| 1/4 tasse (60 ml) d'eau filtrée |
| 1 échalote française hachée |
| 1 petite gousse d'ail |
| 1 c. à soupe (15 ml) de persil haché |
| 1 c. à soupe (15 ml) de coriandre hachée |
| 1 c. à soupe (15 ml) d'huile d'olive |
| 1 c. à thé (5 ml) d'huile de canola |
| 2 c. à soupe (30 ml) de fromage Manchego râpé ou de parmesan |

Sauce

| 1/2 tasse (125 g) de tomates en conserve |
| 1 c. à thé (5 ml) de pâte de tomate |
| Sauce Tabasco (au goût) |
| 1 petit poivron rouge grillé |
| 1 c. à soupe (15 ml) de vinaigre de vin |

Suggestions
Vous pouvez aussi faire cette recette en utilisant de grosses crevettes, ce qui apportera une variante des plus savoureuses.

Cuire les langoustes. Enlever la chair contenue dans les queues de langoustes en prenant soin de ne pas briser la carapace. Trancher la chair en dés. Faire bouillir de l'eau dans un faitout et blanchir les carapaces nettoyées quelques minutes. Égoutter. Réserver. Préparer la sauce en mélangeant tous les ingrédients. Chauffer à feu moyen. Faire revenir les dés de langoustes dans l'huile d'olive et de canola avec un peu d'ail et d'échalote suées. Verser assez de sauce pour qu'ils puissent mijoter encore et terminer leur cuisson. Déposer à la cuillère dans les carapaces. Servir chaud en ajoutant un peu de la sauce restante et parsemer de fromage râpé, si désiré.

Salpicon

Oméga-3 +

Entrées et bouchées   29

Rouleaux d'épinards
à l'andalouse

4 à 6 portions

4 œufs oméga-3
1 tasse (250 g) d'épinards
2 tranches de pain complet en dés
Huile de canola ou de soya
2 gousses d'ail hachées
1 pincée de Cayenne
1 pincée de cumin
2 c. à soupe (30 ml) de graines et de noix mélangées (citrouille, chanvre, Grenoble)
½ tasse (125 g) de pois chiches
10 grandes feuilles de pâte brick (8,5 po - 21,5 cm)
1 jaune d'œuf oméga-3

Cuire les œufs à la coque. Écaler une fois refroidis. Enlever les tiges des épinards. Blanchir 2 minutes. Passer sous l'eau froide. Déposer sur un linge propre légèrement humide. Vaporiser les dés de pain d'huile de canola ou de soya. Griller avec l'ail dans un poêlon antiadhésif en vaporisant un peu d'huile au besoin. Réserver. Émietter les œufs dans un saladier. Assaisonner d'une pincée de Cayenne et de cumin. Goûter pour rectifier l'assaisonnement. Hacher les noix et les graines et les ajouter aux œufs. Incorporer le pain et les pois chiches. Mélanger. Tailler les feuilles de pâte brick en 2 pour obtenir 2 triangles. Disposer sur une plaque à cuisson légèrement huilée. Déposer une cuillère de mélange en bordure et couvrir avec un épinard. Rouler. Fermer les extrémités des rouleaux avec une ficelle. Badigeonner de jaune d'œuf. Cuire de 8 à 10 minutes dans un four préchauffé à 375 °F (190 °C) ou jusqu'à ce qu'ils soient dorés. Couper les ficelles. Servir tiède.

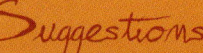

Suggestions
Vous pouvez utiliser des petits ramequins pour faire de petites coupes garnies de ce mélange. Ils peuvent être servis avec une sauce aux tomates (voir la recette de beignets de sardines pimentés à la page 26).

Champignons
marinés

4 à 6 portions

18 à 20 oignons blancs perlés
8 oz (250 g) de champignons de Paris
Herbes au choix (romarin, thym, origan, cerfeuil)
Épices suggérées : piment chili, poivres rose et vert
1 feuille de laurier

Vinaigrette

¼ tasse (60 ml) d'huile de noix
½ à ¾ tasse (125 à 200 ml) d'huile d'olive extra vierge
1 c. à soupe (15 ml) de vinaigre balsamique ou de vin
1 c. à soupe (15 ml) de jus de citron
2 à 3 gousses d'ail dégermées

Blanchir les oignons dans l'eau bouillante salée de 2 à 3 minutes. Les refroidir sous l'eau froide. Réserver. Trancher les champignons. Dans un poêlon antiadhésif, chauffer un peu d'huile de canola et faire sauter les champignons sans les dessécher. Ajouter les herbes et les épices. Remuer. Verser un peu plus d'huile en fin de cuisson pour bien les enrober. Déposer les oignons et les champignons dans un contenant de verre ou un bol. Faire assez de vinaigrette avec le vinaigre, les huiles et le jus de citron pour recouvrir les légumes. Ajouter des éclats d'ail si désiré. Mariner toute la nuit sans enlever les épices et les herbes. Servir froid ou chambré dans des bols avec des petits pics de réception.

Rouleaux d'épinards

à l'andalouse

Albondigas
boulettes de viande espagnoles

8 à 10 portions

- 2,2 lb (1 kg) de bœuf haché maigre
- 2 oignons jaunes hachés
- 2 à 3 gousses d'ail écrasées
- 1 œuf oméga-3 légèrement battu
- 3 c. à soupe (50 ml) de noix de Grenoble moulues
- 1 c. à soupe (15 ml) de piment doux d'Espagne ou de paprika
- 1½ c. à soupe (15 ml) de cumin
- ½ c. à thé (2 ml) de cannelle
- 4 c. à soupe (60 ml) de persil haché
- Sel et poivre noir du moulin

Sauce

- 3 c. à soupe (50 ml) d'huile d'olive
- 1½ c. à soupe (15 ml) de graines de fenouil
- 1 verre (100 ml) de vin blanc sec
- 1 c. à soupe (15 ml) de pastis (facultatif)
- 28 oz (875 g) de tomates concassées
- Sel et poivre noir du moulin

Dans un saladier, mélanger tous les ingrédients avec la viande hachée. Façonner à la main de petites boules de la taille d'une noix de Grenoble. Réserver. Chauffer l'huile d'olive dans un poêlon. Griller les graines de fenouil en remuant sans cesse. Verser le vin et le pastis. L'alcool doit s'évaporer. Ajouter les tomates. Assaisonner. Couvrir. Réduire le feu. Faire mijoter 20 minutes. Rajouter un peu d'eau au besoin. Incorporer les boulettes de viande dans la sauce. Laisser mijoter à feu doux environ 25 à 30 minutes. Remuer en cours de cuisson. Piquer les boulettes chaudes, les disposer sur une assiette de service, dans de petits bols ou servir dans des caissettes de papier. Conserver au chaud recouvert de papier d'aluminium. Servir tiède avec la sauce.

Moules
aux légumes gratinées

4 à 6 portions

- 1 c. à soupe (15 ml) de graines de lin moulues
- 3 c. à soupe (50 ml) de fromage parmesan
- 1 pincée de Cayenne ou quelques gouttes de Tabasco
- 2 c. à soupe (30 ml) de persil frais haché
- ¼ tasse (30 g) de chapelure de pain
- 1 lb (450 g) de moules nettoyées
- 1 tasse (250 ml) d'eau filtrée
- 2 tasses (500 ml) de vin blanc sec
- 2 échalotes françaises hachées
- 1 c. à soupe (15 ml) d'huile de canola
- 1 c. à soupe (15 ml) d'huile d'olive
- 5 à 6 c. à soupe (75 à 90 ml) de poivron jaune ou orange en dés
- Sel et poivre noir

Moudre les graines de lin. Mélanger le fromage avec les épices, la chapelure et les graines de lin moulues. Réserver. Cuire les moules dans l'eau et le vin jusqu'à ce qu'elles soient ouvertes (de 3 à 4 minutes). Égoutter et jeter les moules fermées et réserver le bouillon. Retirer les moules des coquilles. Conserver les coquilles. Faire suer les échalotes dans l'huile de canola et l'huile d'olive. Ajouter les poivrons. Cuire quelques minutes pour les attendrir. Assaisonner de sel et de poivre, au goût. Déposer deux moules dans chaque coquille et couvrir de mélange de légumes à l'aide d'une cuillère. Saupoudrer de persil frais et de chapelure assaisonnée. Disposer les moules sur une plaque à cuisson. Griller au four environ 3 à 4 minutes ou jusqu'à ce que la chapelure soit légèrement dorée. Servir chaud ou tiède dans une assiette de service ou dans des bols individuels.

Albondigas

boulettes de viande espagnoles

Feuilletés de sardines
aux tomates séchées

8 portions

- 4 oz (125 g) de sardines ou de thon dans l'huile (1 petite boîte)
- 4 tomates séchées hachées
- 1 c. à thé (5 ml) de moutarde de Dijon
- 1 pincée de thym
- 2 c. à soupe (30 ml) de sauce tomate
- 1 petite gousse d'ail émincée
- 1 c. à soupe (15 ml) d'huile d'olive extra vierge
- 1 c. à soupe (15 ml) d'huile de noix
- 1 c. à soupe (15 ml) de vin blanc
- 8 feuilles de pâte brick
- 1 c. à soupe (15 ml) de basilic haché
- 3 c. à soupe (50 ml) de fromage parmesan râpé
- Sel et poivre noir moulu
- 1 jaune d'œuf oméga-3
- 8 tiges de ciboulette

Préchauffer le four à 375 °F (190 °C). Éponger les sardines; enlever les arêtes. Couper en petits morceaux et les déposer dans un saladier. Incorporer les tomates séchées, la moutarde, le thym et la sauce tomate. Mélanger. Faire revenir l'ail haché dans l'huile d'olive et de noix à feu moyen. Ajouter les sardines pour les enrober. Ajouter le vin blanc. Remuer quelques secondes de plus pour que l'alcool s'évapore. Transférer dans le bol. Recouvrir le fond de moules à muffins réguliers de feuilles de pâte brick. Déposer une cuillerée à soupe du mélange au milieu de chaque feuille. Ajouter le basilic haché. Saupoudrer de fromage. Attacher le tout délicatement avec une ficelle pour créer une aumônière. Badigeonner de jaune d'œuf. Dorer au four environ 10 minutes. Détacher les ficelles. Nouer avec une tige de ciboulette. Servir chaud ou tiède.

Olives noires
marinées

4 à 6 portions

- 18 à 20 oignons perlés rouges
- 2 tasses (500 g) d'olives noires entières et dénoyautées

Marinade

- 2 c. à soupe de vinaigre de xérès
- 1 brin d'origan
- 1 feuille de laurier
- ½ tasse (125 ml) d'huile d'olive
- ½ tasse (125 ml) d'huile de canola
- 1 à 2 c. à thé (5 à 10 ml) de jus de citron
- ⅛ c. à thé de poivre de Cayenne (ou quelques gouttes de Tabasco)
- Poivre noir moulu

Blanchir les oignons dans l'eau bouillante salée de 2 à 3 minutes. Les refroidir sous l'eau froide. Réserver. Égoutter les olives et les déposer dans un contenant de verre ou un saladier. Ajouter le vinaigre de xérès, les huiles et le jus de citron, pour recouvrir les légumes. Ajouter les herbes et les épices. Remuer. Mariner 24 heures sans enlever les épices et les herbes. Servir froid ou chambré dans des bols avec des petits pics de réception.

Suggestions

Ajoutez des noix et graines diverses à croquer. Essayez les olives non préservées dans la saumure pour cette recette.

Feuilletés de sardines

aux tomates séchées

Crostinis

Crostinis

Choisir un pain de qualité bien frais. Enlever les croûtes et badigeonner d'un mélange d'huile de noix ou d'huile de canola ou d'olive. Pour ajouter plus de saveur, mélanger dans un bol la quantité d'huile requise pour badigeonner avec une petite gousse d'ail écrasée, un oignon vert ou des graines de piment fort. Laisser reposer 1 heure puis filtrer. Disposer les tranches sur une plaque à cuisson antiadhésive et enfourner à 375 ºF (190 ºC) environ 5 minutes, jusqu'à ce qu'elles soient légèrement dorées.

Préchauffer le four à 250 ºF (120 ºC). Faire des tranches minces d'environ ¼ po (1 cm). En utilisant un pinceau ou un vaporisateur, imprégner les tranches de pain et les disposer sur une plaque à cuisson recouverte de papier parchemin. Dorer pendant 5 minutes environ et laisser refroidir.

Suggestions

Selon l'épaisseur de votre pain, comptez 1 ½ à 2 tranches par personne et 3 à 4 si vous ne servez pas d'autres entrées. Les tranches de pain grillées peuvent être préparées la veille et conservées au réfrigérateur bien enveloppées sous une pellicule plastique, tandis que les canapés se préparent quelques heures à l'avance pour que le pain grillé ne ramollisse pas trop.

Canapés
aux œufs

8 à 12 portions

- 2 à 3 oignons verts hachés
- 1 c. à thé (5 ml) d'huile de soya ou de canola
- 8 œufs oméga-3
- 2 c. à thé (10 ml) de persil haché fin
- ⅔ tasse (160 g) de mayonnaise aux huiles oméga-3
- Crème légère ou mayonnaise de soya préparée
- Sel et poivre fraîchement moulu

Garnitures

- 2 oignons verts tranchés ou oignons caramélisés*
- Œufs de poisson volant (tobiko), de lump ou caviar

* recette d'oignons caramélisés : voir section pâte, page 188

Pour la mayonnaise

- 1 c. à thé (5 ml) de moutarde sèche ou de Dijon, au goût
- 1 à 2 jaunes d'œufs oméga-3
- Aromates : ciboulette, estragon, origan
- 1 c. à thé (5 ml) de jus de citron ou de vinaigre
- Sel et poivre
- Huile végétale au choix (canola, soya)
- ½ c. à thé (2 ml) d'huile de lin (facultatif)

Dans un poêlon antiadhésif, chauffer une cuillère à thé d'huile. Dorer les oignons verts à feu moyen en les remuant. Réserver. Cuire les œufs dans l'eau bouillante 4 minutes. Les refroidir. Écaler. Mettre tous les ingrédients dans un robot culinaire. Pulser afin d'obtenir un mélange onctueux. Ajouter de la mayonnaise ou de la crème légère. Assaisonner. Réfrigérer au moins 30 minutes dans un contenant hermétique avant de servir. Remplir une pochette à douille ou utiliser une petite spatule pour garnir les tranches de pain grillées. Ajouter des oignons verts frais hachés ou des oignons caramélisés avec du caviar en garniture.

Pour la mayonnaise, chambrer les ingrédients pour aider à les émulsionner. Déposer la moutarde avec les jaunes d'œufs dans un bol profond en inox ou en verre (genre cul-de-poule). Ajouter les assaisonnements et les aromates et fouetter ou pulser à l'aide d'un robot culinaire. Le simple fouet est d'usage facile si on en est à ses premières mayonnaises. Ajouter l'huile au fur et à mesure en mince filet. La texture de la mayonnaise changera rapidement quand elle prendra. Ajouter l'huile de lin, si désiré, à la toute fin, remuant bien la mayonnaise. Conserver dans un contenant hermétique au réfrigérateur.

Canapés

de pain grillé

Entrées et bouchées 37

Mangue
et saumon

2 à 4 portions

| 1 tasse (250 ml) de jus de carotte |
| 1/2 tasse (125 ml) de jus d'orange ou de mangue |
| 1/2 tasse (125 ml) de jus de pomme |
| 3,53 oz (100 g) de saumon frais |
| 1/2 mangue (environ 70 g) |
| 1 c. à thé (5 ml) de fleur d'ail |
| 1 c. à thé (5 ml) d'huile d'olive |
| 1 c. à thé (5 ml) d'huile de canola |
| 1 c. à thé (5 ml) de jus de citron |
| 1 pincée de Cayenne |
| Poivre noir fraîchement moulu |

Garniture

| Persil ciselé |
| Menthe ciselée |
| 1 poignée de noix de Grenoble |
| Granité aux agrumes |

Préparer le granité à l'avance. Verser les trois sortes de jus dans un récipient peu profond. Congeler 30 minutes à 1 heure. Gratter et mélanger à l'aide d'une fourchette pour répartir les cristaux glacés. Remettre à congeler 30 minutes. Répéter l'opération quelques fois. Verser dans les contenants choisis pour le service. Disposer sur une plaque à cuisson et remettre au congélateur jusqu'au moment de servir. Doubler la recette selon les contenants utilisés.

Couper le saumon et la mangue en petits cubes, les mettre dans un bol et ajouter la fleur d'ail, les huiles et le jus de citron. Mélanger. Assaisonner au goût. Déposer sur les granités à l'aide d'une cuillère. Servir immédiatement. Parsemer de noix hachées ou en poudre, au goût.

Pâté japonais
au thon

24 portions

| 1/4 c. à thé (1 ml) de jus de gingembre râpé |
| 2 œufs oméga-3 |
| 1,76 oz (50 g) de thon frais |
| 1 avocat Hass mûr |
| 2 c. à soupe (30 ml) de crevettes cuites |
| 1/2 à 1 c. à thé (2 à 5 ml) de jus de lime (au goût) |
| 2 c. à thé (10 ml) de poudre wasabe (raifort japonais) |
| 3 douzaines de craquelins de riz |
| Huile de canola ou de chanvre |
| Sel |

Garnitures

Algue nori, gingembre frit, zeste de lime (facultatif), graines de citrouille ou de soya, crevettes

Presser du gingembre frais râpé pour avoir le jus. Réserver. Cuire les œufs à la coque environ 10 à 12 minutes. Frire du gingembre découpé en fines lamelles. Couper le thon en fines lanières, puis en dés. Déposer l'avocat, les œufs et les crevettes dans un robot culinaire. Ajouter le jus de lime et le jus de gingembre et la poudre wasabe. Pulser en ajoutant l'huile en filet jusqu'à l'obtention d'une mousse onctueuse. Rectifier l'assaisonnement au goût. Remplir une pochette à douille ou utiliser un couteau à beurre pour garnir les craquelins de pâté. Ajouter un morceau de thon et une garniture au choix.

Pour la garniture, dans un poêlon antiadhésif, rôtir les graines de citrouille à sec quelques minutes. Verser un trait de sauce soya légère (1 c. à thé par 1/2 tasse, 65 g de graines), si désiré.

Tremper les algues sèches dans l'eau de 3 à 5 minutes.

Mangue

et saumon

Entrées et bouchées   39

Cuillères de tartare
de saumon et de pétoncles

12 à 16 portions

3,53 oz (100 g) de saumon sans peau
3,53 oz (100 g) de petits pétoncles
1 petit oignon perlé
1 c. à thé (5 ml) de persil haché fin
1 c. à soupe (15 ml) de graines de chanvre écalées (facultatif)
2 c. à thé (10 ml) d'huile de canola
2 c. à thé (10 ml) d'huile d'olive
1 ½ c. à thé (7 ml) de jus de citron vert (ou plus, au goût)
Sel de mer fin
Poivre noir fraîchement moulu
1 pincée de clou de girofle (facultatif)
Quelques gouttes d'essence d'anis ou
¼ c. à thé de graines d'anis étoilé moulues

Montage

16 raisins verts sans pépins
1 à 2 c. à thé (5 à 10 ml) d'aneth ciselé
Huile de chanvre

Tailler le saumon et les pétoncles en petits cubes. Couper l'oignon très finement. Dans un bol en verre ou en inox, mélanger tous les autres ingrédients. Verser quelques gouttes d'essence d'anis. Remuer. Rectifier l'assaisonnement, si nécessaire. Réfrigérer 20 à 30 minutes, si désiré.

Déposer un raisin vert au centre de chaque cuillère. Recouvrir de tartare. Verser un filet d'huile de chanvre au goût, au moment de servir. Garnir d'aneth ciselé si désiré.

Suggestions

Réfrigérez les cuillères avant le service. Les disposer dans un sac plastique pour faciliter votre opération. Vous pouvez utiliser le mélange de poivre en garniture. Un trait de Pernod peut remplacer l'essence d'anis.

Tartinade
au saumon fumé

4 portions

4,41 oz (125 g) de fromage à la crème léger
2 c. à soupe (30 ml) de crème faible en gras
2 c. à soupe (30 ml) de ciboulette hachée
2 tranches de saumon fumé
4 tranches de pain ou plusieurs craquelins
Œufs de poisson volant (tobiko)
Brins d'herbes (estragon, ciboulette, aneth)
Graines de poivre rose et noir

Mélanger le fromage, la crème et la ciboulette. Couper le saumon fumé en fines lanières. Déposer le mélange dans une pochette à douille. Façonner des rosettes au centre de chaque tranche de pain ou de chaque craquelin. Garnir d'une lanière de saumon fumé, d'œufs de poisson et d'un brin d'herbe. Recouvrir de pellicule plastique et conserver hermétiquement au réfrigérateur quelques heures.

Suggestions

Des chips de plantain ont ici été utilisées pour créer de délicates petites bouchées.

Cuillères de tartare

de saumon et de pétoncles

Cuillères de mousse
pomme et concombre

8 à 10 portions

4 c. à soupe (60 ml) de pommes sûres en dés
1 c. à thé (5 ml) de jus de citron
1 gros blanc d'œuf oméga-3
1 pincée de sel
¼ tasse (60 g) de yogourt nature faible en gras
¼ c. à thé (1 ml) d'ail haché fin
Quelques gouttes d'essence de menthe poivrée (facultatif)
2 c. à soupe (30 ml) de concombre en dés
Poivre noir du moulin

Garniture

½ à 1 c. à thé (2 à 5 ml) de thé vert Matcha en poudre
1 c. à soupe (15 ml) de menthe ciselée
1 à 2 c. à soupe (15 à 30 ml) de noix de Grenoble hachées

Verser du jus de citron sur les dés de pomme pour les empêcher de s'oxyder. Réserver. Fouetter le blanc d'œuf avec une pincée de sel jusqu'à ce qu'il soit ferme. Ajouter le yogourt et l'ail haché et quelques gouttes d'essence de menthe, au goût. Fouetter le mélange 1 à 2 minutes. Incorporer les pommes et le concombre. Remuer délicatement. Rectifier l'assaisonnement. Servir environ 1 ½ c. à thé par portion. Garnir avec une pincée de thé vert, la menthe et les noix de Grenoble. Servir immédiatement ou conserver au réfrigérateur.

Suggestions

Remplacez les pommes et le concombre par des épinards cuits hachés finement (ou de la bette à carde) mélangés avec du céleri en dés. Variez cette mousse en remplaçant l'ail haché par du gingembre, la menthe par de la coriandre et le citron par de la lime.

Cuillères de mousse

pomme et concombre

Banderillas de rigatonis farcis
saumon, noix, sauce pesto rouge et verte

6 à 8 portions

1 tasse (250 g) de rigatonis cuits
4,23 oz (120 g) de filet de saumon
Huile d'olive
Sauce pesto verte
Sauce pesto rouge
1 tasse (250 g) de petites pousses d'épinards
Sel et poivre noir

Cuire les rigatonis pour qu'ils soient al dente. Laisser tiédir. Rincer et sécher le filet de saumon. Assaisonner. Faire revenir dans l'huile 2 minutes. Le centre doit demeurer rose. Couper en morceaux plus petits que les rigatonis. Insérer un petit morceau de saumon dans chaque pâte. Farcir les extrémités en les garnissant de pesto rouge d'un côté et de pesto vert de l'autre. Les piquer sur des petits pics de réception en intercalant avec de petites pousses d'épinards, si désiré, ou servir sur un lit d'épinards. Servir tiède ou froid.

Pour le pesto vert

12 à 16 feuilles de basilic
4 à 6 feuilles de menthe
¼ c. à thé (1 ml) d'ail haché
1 c. à thé (5 ml) de jus de lime
2 c. à soupe (30 ml) d'huile de canola
1 à 2 c. à soupe (15 à 30 ml) de graines de chanvre décortiquées
Sel et poivre noir

Mélanger tous les ingrédients dans un robot culinaire. Ajuster la quantité d'huile si nécessaire. Ajouter plus de noix si la consistance est trop liquide.

Pour le pesto rouge

2 tomates séchées (4 demies)
1 c. à thé (5 ml) de jus de citron
1 ½ c. à soupe (23 ml) d'huile d'olive
1 c. à soupe (15 ml) de noix de Grenoble
1 pincée de poivre de Cayenne
Sel et poivre noir

Réhydrater les tomates séchées dans l'eau tiède 10 à 15 minutes si elles ne sont pas conservées dans l'huile. Mélanger tous les ingrédients à l'aide d'un robot culinaire. Ajuster la quantité d'huile si nécessaire. Ajouter plus de noix si la consistance est trop liquide.

Banderillas de rigatonis farcis

saumon, noix, sauce pesto

Entrées et bouchées

Cuillères de tartare
au maquereau

12 portions

2 c. à soupe (30 ml) de crème à fouetter
ou de yogourt nature faible en gras (facultatif)
½ c. à thé (2 ml) de moutarde de Dijon au vin blanc
4,41 oz (125 g) de filet de maquereau frais
8 à 10 tomates cerises
½ concombre
1 c. à soupe (15 ml) d'estragon frais (au goût)
1 ½ c. à soupe (23 ml) d'huile d'olive extra vierge
Vinaigre balsamique
Sel et poivre noir fraîchement moulu

Fouetter la crème dans un bol froid. Assaisonner. Ajouter la moutarde. Réserver au réfrigérateur. Couper le poisson, les tomates et le concombre en petits dés. Hacher l'estragon. Mélanger délicatement avec l'huile d'olive. Verser quelques gouttes de vinaigre balsamique dans chaque cuillère. Remplir les cuillères, mais pas à ras bord. Réfrigérer. Déposer une touche de crème par-dessus au moment de servir.

Suggestions
Variez les saveurs de la crème en y ajoutant d'autres moutardes aromatisées : à l'estragon ou au raifort.

Cuillères de poisson fumé
sur gelée

12 portions

1 tasse (250 ml) de limonade froide
1 ½ c. à thé (7 ml) de gélatine neutre
Colorant bleu
1,76 oz (50 g) de saumon ou de truite fumé, tranché

Garniture

Fromage à la crème léger (facultatif)
Algues nori (facultatif)
Œufs de poisson

Chauffer ¼ tasse de limonade. Saupoudrer la gélatine dans un petit bol. Verser le jus. Brasser pour bien dissoudre. Ajouter le reste de limonade froide. Verser quelques gouttes de colorant alimentaire. Verser dans chaque cuillère ou dans un bol. Faire prendre la gelée pour qu'elle ne soit pas entièrement ferme. Trancher le poisson fumé en petites bandelettes plus ou moins longues que la cuillère ou faire des motifs en forme de poisson. Déposer une noisette de fromage à la crème au centre de la gelée. Garnir d'un morceau de poisson fumé. Terminer en faisant des fantaisies ou simplement garnir au goût.

Cuillères de tartare

au maquereau

Entrées et bouchées   47

Tuiles au fromage
et compote aux figues et aux noix de Grenoble

4 à 6 portions

7,1 oz (200 g) de fromage parmesan râpé

Compote aux figues et aux noix de Grenoble
4 à 6 portions

1 échalote française hachée
½ c. à thé (2 ml) d'huile d'olive
⅓ tasse (80 ml) de vin rouge
¾ tasse (180 g) de figues sèches hachées
1 feuille de laurier
Eau
¼ tasse (60 g) de noix de Grenoble hachées

Garniture

Légumes crus (céleri, carottes, poireau)
Huile de noix

Préchauffer le four à 375 °F (190 °C). Recouvrir une plaque à cuisson de papier parchemin. Saupoudrer de fromage râpé l'intérieur d'un emporte-pièce rond en espaçant de 2 pouces chaque cercle. Cuire au four ou dans un poêlon antiadhésif jusqu'à ce que les tuiles soient bien dorées, soit environ 3 à 4 minutes. Laisser refroidir 1 minute et mouler sur une bouteille ou un rouleau à pâtisserie. Conserver dans un contenant hermétique, empilées entre des feuilles de papier sulfurisé (ciré).

Dans une petite casserole, faire revenir l'échalote dans un peu d'huile. Verser le vin et porter à ébullition. Ajouter les figues et la feuille de laurier. Réduire le feu au minimum. Cuire quelques minutes. Ajouter de l'eau au besoin. Incorporer les noix hachées et bien mélanger. Macérer 30 minutes à 1 heure hors du feu. Passer au mélangeur si désiré.

> **Suggestions**
> Pour la cuisson des tuiles, déposez plus de fromage au centre, 1 à 2 cm d'épaisseur en laissant les bords plus ou moins irréguliers pour créer une bordure ajourée.

Olives vertes
marinées

4 à 6 portions

½ tasse (125 g) de noix de Grenoble
2 tasses (500 g) d'olives vertes
2 gousses d'ail
¾ tasse (180 g) d'huile de canola
¼ tasse (60 g) d'huile d'olive extra vierge
Quelques brins d'herbes au choix (romarin, thym, cerfeuil)
2 c. à soupe (30 ml) de vinaigre balsamique blanc
1 c. à thé (5 ml) de jus de lime ou de citron
Sel et poivre noir fraîchement moulu

Couper les noix de Grenoble en deux. Dégermer les gousses d'ail et les couper en deux ou en quatre. Faire assez de vinaigrette avec le vinaigre, l'huile et le jus de citron pour recouvrir les légumes. Assaisonner. Laisser mariner les olives toute la nuit sans enlever les herbes. Servir dans des bols avec des petits pics de réception.

Tuiles au fromage

et compote aux figues et aux noix

Entrées et bouchées

Tomates cocktail
Oméga-3

6 portions

1 petit filet d'anchois
12 à 18 tomates (env. 1 po - 2,54 cm)

Farce au poisson rendement de 1/2 tasse

3,53 oz (100 g) de maquereau en boîte ou de sardines
1 gousse d'ail pilée
1 c. à thé (5 ml) de câpres hachées
1 c. à soupe (15 ml) de persil plat haché
1 c. à soupe (15 ml) de tomates séchées réhydratées
3 c. à soupe (50 ml) de fromage cottage léger
1 c. à soupe (15 ml) de lait 1%
1 c. à thé (5 ml) d'huile de chanvre
1 c. à thé (5 ml) de jus de citron
1 pincée de thym
Sel et poivre noir moulu

Garniture

3 à 4 olives noires ou vertes
1 lanière de poivron rouge grillé
Basilic ciselé

Faire tremper le filet d'anchois 15 minutes. Rincer. Verser les ingrédients de la farce dans un robot culinaire. Mélanger pour bien amalgamer. Laisser reposer au réfrigérateur au moins 1 heure. Vider soigneusement les tomates à l'aide d'une cuillère parisienne. Couper les olives en rondelles. Couper la base des tomates au besoin pour qu'elles demeurent en équilibre. Garnir d'olives, de poivron et de basilic. Éviter de réfrigérer les tomates trop longtemps, elles perdraient de leur saveur.

Entrée de carpaccio
d'espadon à l'agrume

2 portions

4,41 oz (125 g) d'espadon frais
Le jus d'un gros pamplemousse rose ou de 2 grosses oranges
1/4 à 1/2 c. à thé (1 à 2 ml) de fleur de sel (au goût)
1/2 tasse (125 ml) d'huile d'olive
1 c. à thé (5 ml) de persil ciselé

Garniture

3 à 4 olives noires ou vertes
1 orange
Herbes fraîches (menthe, ciboulette, basilic ou estragon)

Tailler le poisson en tranches très fines. Saler le jus de pamplemousse ou d'orange. Disposer dans un plat à rebord. Verser le jus et l'huile. Ajouter le persil ciselé. Mariner au réfrigérateur durant 10 à 12 heures. Disposer les tranches froides sur une assiette de service. Décorer avec des quartiers d'orange et des herbes fraîches.

oméga-3

Tomates cocktail

Entrées et bouchées   51

Roulés de courgettes
farcies

12 portions

1 courgette verte
1 courgette jaune
4 tomates séchées réhydratées
1 filet de saumon (7 oz - 200 g)
2 c. à soupe (30 ml) de fromage parmesan râpé
Huile de canola
2 c. à soupe (30 ml) de graines de chanvre écalées
4 à 6 feuilles de basilic ciselées
Poivre noir fraîchement moulu

Préchauffer le four à 375 ºF (190 ºC). Déposer une feuille de papier parchemin sur une plaque à cuisson vaporisée d'huile. Trancher les courgettes sur la longueur. Éponger et hacher les tomates séchées (réhydratées 30 minutes dans l'eau chaude). Couper le saumon en fines tranches, puis en lanières. Réserver. Déposer les tranches de courgette sur la plaque. Mettre au four 5 minutes pour les attendrir. Laisser refroidir. Déposer une lanière de saumon sur chaque tranche de courgette. Saupoudrer de fromage. Poivrer. Ajouter quelques dés de tomates séchées et des graines de chanvre. Maintenir avec un cure-dents ou une ficelle. Griller quelques minutes de chaque côté dans une poêle cannelée antiadhésive ou sous le gril 4 à 5 minutes. Laisser tiédir quelques minutes avant de servir.

Suggestions

Variez ces amuse-bouches en utilisant d'autres poissons gras : hareng, espadon, truite, maquereau ou thon. Utilisez du fromage de chèvre à teneur moins élevée en gras ou des herbes sèches telles que la ciboulette, les mélanges italiens ou des herbes de Provence.

Fraises
cocktail

6 portions

18 grosses fraises
1/2 c. à thé (2 ml) de menthe en poudre ou 2 c. à thé (10 ml) d'herbes fraîches hachées (ciboulette, estragon ou menthe)
5,63 oz (142 g) de fromage de chèvre faible gras
Vinaigre balsamique
1/4 c. à thé (1 ml) de fleur d'ail (facultatif)
1 c. à thé (5 ml) de parmesan râpé (facultatif)
Lait écrémé ou 1 %

Garniture

Graines (chanvre, citrouille, lin)
Sel et poivre fraîchement moulu

Nettoyer et équeuter les fraises. Égaliser la base au besoin pour que les fraises puissent se tenir dans une assiette. Utiliser une petite cuillère parisienne ou un couteau fin pour mieux creuser l'orifice nécessaire dans les fraises. Retirer suffisamment de chair pour déposer à peu près 1/2 c. à thé de farce. Dans un bol, mélanger tous les ingrédients de la farce. Ajouter assez de lait pour obtenir une belle onctuosité. Verser quelques gouttes (au goût) de vinaigre balsamique au fond de chaque fraise. Remplir de farce en utilisant une pochette à douille. Farcir du mélange de graines moulues. Conserver au froid. Sortir 1 heure à l'avance.

Roulés de courgettes

farcies

Entrées et bouchées 53

Petits piments
cocktail

6 portions
- 12 petits poivrons
- 1 c. à soupe (15 ml) de fromage feta
- ¼ tasse (60 g) de fromage ricotta léger
- 1 gousse d'ail hachée
- ½ c. à thé (2 ml) d'huile d'olive extra vierge
- ½ c. à thé (2 ml) d'huile de chanvre (au goût)
- ½ c. à thé (2 ml) de basilic haché
- 1 c. à soupe (15 ml) d'origan haché
- Vinaigre balsamique (facultatif)

Garniture facultative
- Graines de chanvre moulues
- 2 c. à soupe (30 ml) d'olives Kalamata hachées
- Œufs de saumon

Évider les poivrons. Les plonger dans l'eau bouillante salée quelques minutes. Refroidir à l'eau froide. Égrener le fromage feta dans un bol. Ajouter le fromage ricotta et l'ail. Mélanger et verser l'huile d'olive et l'huile de chanvre. Poivrer. Ajouter le basilic et l'origan finement hachés et le vinaigre balsamique. Remplir les poivrons du mélange de fromage. Garnir.

Petits aspics
cocktail

12 à 16 portions
- 6 œufs de caille
- ½ tasse (125 g) de petits pois congelés
- 2,7 oz (75 g) de thon (12 cubes)
- Sel et poivre noir fraîchement moulu
- 12 petites crevettes
- 1 c. à soupe (15 ml) d'huile d'olive
- 1 c. à soupe (15 ml) de vin blanc
- 1 c. à soupe (15 ml) de gélatine en poudre
- 2 tasses (500 ml) de bouillon de légumes ou de thé vert Sencha
- 12 à 16 feuilles de coriandre

Sauce au cognac
1 c. à thé de pâte de tomate, ⅓ tasse de mayonnaise de canola ou soya, 2 c. à thé de cognac

Cuire les œufs de caille à la coque (environ 5 minutes). Huiler des moules à muffins. Cuire les petits pois dans l'eau bouillante salée. Les faire refroidir. Saler et poivrer le thon. Faire sauter les cubes de thon et les crevettes dans l'huile d'olive. Arroser avec le vin blanc. Retirer du feu et réserver. Saupoudrer la gélatine dans un bol contenant 1 tasse de thé ou de bouillon chaud. Bien remuer pour la dissoudre. Ajouter une 2e tasse de bouillon ou de thé froid. Remplir la moitié des moules à muffins du liquide. Déposer ½ œuf de caille pour les minis moules et 1 œuf entier pour les moules réguliers. Ajouter la coriandre. Faire prendre au réfrigérateur. Déposer petits pois, fruits de mer et poisson sur le liquide, une fois celui-ci durci. Compléter avec le bouillon de façon à remplir les moules. Faire prendre le temps nécessaire (environ 3 à 4 heures). Démouler sous l'eau tiède 30 minutes à l'avance. Servir sur une assiette de service recouverte de laitue ou dans de petites assiettes individuelles. Servir avec une mayonnaise, des biscottes ou du pain.

Pour la sauce, mélanger avec la mayonnaise à base d'huile de canola (voir recette page 36) le concentré de tomate ou du ketchup. Verser le cognac, au goût. Déposer une petite cuillerée pour accompagner les aspics.

Petits piments

cocktail

Entrées et bouchées   55

Minis brochettes de thon
à l'orange

24 portions

3,25 oz (100 g) de thon en cubes

Marinade

| Le jus d'une demi-orange moyenne |
| 1 échalote française |
| ¼ à ½ c. à thé (1 à 2 ml) de gingembre frais haché |
| 2 c. à soupe (30 ml) de sauce Hoisin |
| ⅛ tasse (30 ml) d'huile d'olive extra vierge |
| ⅛ tasse (30 ml) d'huile de noix |
| Sel et poivre noir fraîchement moulu |
| ½ poivron de couleur |
| 24 pousses d'épinards |

Garniture

2 à 3 c. à soupe (30 à 50 ml) de graines de chanvre écalées
Mélange d'épices : pincée de cumin, petite pincée de Cayenne
1 c. à thé (5 ml) de zeste d'orange

Vaporiser d'un voile d'huile de canola les graines de chanvre. Assaisonner avec les épices et le zeste d'orange. Réserver. Préparer la marinade et tailler le poisson en petits cubes. Faire mariner 30 minutes à 1 heure; le poisson perdra de sa couleur. Monter les brochettes en alternant avec les morceaux de poivron et des épinards. Faire griller rapidement sur une plaque antiadhésive environ 1 à 2 minutes (selon la cuisson désirée) en les retournant et en les badigeonnant de marinade. Rouler les brochettes dans les graines de chanvre assaisonnées.

Suggestions
Vous pouvez utiliser n'importe quel poisson blanc tel que le maquereau, l'espadon ou les sardines pour réaliser ces brochettes.

Brochettes de papaye
bleuets et saumon

4 à 6 portions

1 filet de saumon de 7,06 oz (200 g)
1 petite papaye
2,12 oz (60 g) de bleuets frais

Marinade

| 1 petit oignon rouge |
| 1 brin de romarin |
| 1 c. à thé (5 ml) de jus de lime |
| ¼ tasse (60 ml) d'huile d'olive extra vierge |
| Sel et poivre fraîchement moulu |

Couper le saumon en morceaux d'environ 1 po (2,54 cm). Déposer dans un saladier. Trancher l'oignon rouge en morceaux. Les déposer dans le saladier avec le romarin. Verser le jus de lime et les huiles. Remuer et rectifier l'assaisonnement. Macérer le saumon 30 minutes à 1 heure au réfrigérateur, au goût. Trancher des cubes de papaye. Confectionner les brochettes en alternant fruits et saumon.

Minis brochettes de thon

à l'orange

Entrées et bouchées 57

Concombres farcis à la truite
chèvre et canneberges

12 portions

2 c. à soupe (30 ml) de canneberges séchées	2 concombres anglais
¼ tasse (60 ml) d'eau filtrée	Sel et poivre noir moulu
½ c. à thé (2 ml) de romarin en poudre ou 1 brin de romarin frais	*Garniture*
5,3 oz (150 g) de fromage de chèvre à 6 % de gras	Noix ou graines hachées (Grenoble, noisette, chanvre)
1 c. à soupe (15 ml) de lait 1 %	Canneberges séchées hachées
1 c. à soupe (15 ml) de ciboulette hachée fin	Ciboulette hachée
3 c. à soupe (50 ml) de truite fumée hachée	Truite fumée supplémentaire

Hacher finement les canneberges séchées. Dans une casserole, faire bouillir ¼ tasse d'eau avec le romarin. Retirer du feu et ajouter les canneberges. Macérer hors du feu jusqu'à ce qu'elles aient refroidi complètement. Mélanger le fromage avec le lait 1%, la ciboulette et la truite hachée. Assaisonner. Couper le concombre en morceaux d'environ 1 ½ à 2 po (4 à 5 cm). Tailler les côtés pour former un cube et les vider à la cuillère parisienne tout en conservant un fond et de la pelure aux arêtes. Déposer le mélange de fromage, jusqu'à la moitié environ du cube de concombre. Ajouter quelques canneberges macérées. Recouvrir de fromage. Garnir de noix ou de canneberges, de ciboulette et de morceaux de truite fumée.

Canapés
de tofu

4 portions

- 1 cube de tofu ferme (10,6 oz - 300 g)
- 1 c. à thé (5 ml) d'huile de sésame
- 1 c. à soupe (15 ml) d'huile de canola

Marinade

- 1 gousse d'ail écrasée
- 1 c. à thé (5 ml) de gingembre haché
- ½ c. à thé (2 ml) de crevettes séchées
- 1 c. à soupe (15 ml) d'huile (canola, soya, tournesol)
- 1 pincée de Cayenne
- ¼ tasse (60 ml) de sauce Mirin
- ½ tasse (125 ml) de sauce soya légère
- 1 petite carotte
- 4 radis ou 1 morceau de daikon

Garnitures : graines de sésame, de chanvre écalées et de tournesol broyées, algues nori hachées, gingembre mariné et champignons fins japonais (enokitake)

Vinaigrette : 4 c. à soupe de vinaigre de riz, 4 c. à soupe d'huile de noix, 4 c. à soupe d'huile de soya, 2 c. à thé de jus de lime, 1 c. à thé de sucre glacé et 1 pincée de Cayenne (facultatif)

Trancher le cube de tofu en morceaux minces de ¼ po (1 cm). Sécher entre plusieurs feuilles de papier absorbant. Appliquer un poids (planche à découper) pendant 30 minutes à 1 heure pour mieux assécher le tofu. Mélanger les ingrédients de la marinade. Faire mariner le tofu environ 1 heure. Fouetter les ingrédients de la vinaigrette. Râper finement la carotte et le radis japonais et verser de la vinaigrette. Remuer. Réserver au froid. Chauffer l'huile de canola parfumée d'huile de sésame. Faire griller les tranches de tofu des 2 côtés dans l'huile jusqu'à ce qu'elles soient dorées. Déposer ½ cuillérée de graines. Garnir de légumes râpés. Compléter avec d'autres garnitures au goût. Servir avec du gingembre mariné et de la vinaigrette, si désiré.

Concombres farcis à la truite

chèvre et canneberges

Entrées et bouchées

Boules de fromage
variées et colorées

Boules de fromage au saumon fumé
12 à 14 portions

- 8 brins de ciboulette hachée
- 1 c. à thé (5 ml) d'aneth haché
- 8 boules de fromage de chèvre
- 4 tranches de 2,64 oz (75 g) de saumon fumé
- Brochettes de bois

Hacher la ciboulette et l'aneth finement. Étaler sur une assiette. Éponger les boules de fromage. Les couper en deux. Tailler des lanières de saumon pour recouvrir chacune des demi-boules de fromage. Garnir d'herbes. Déposer sur l'assiette de service.

Suggestions

Il existe sur le marché du fromage de chèvre déjà moulé en petites boules individuelles qui se prêtent parfaitement à cette entrée. On peut confectionner des boules de fromage soi-même en utilisant deux petites cuillères pour presser le fromage en boules ou les rouler dans la paume de sa main. On peut utiliser un robot culinaire pour mélanger tous les ingrédients avec le fromage.

Boules de fromage aux noix et aux canneberges
8 portions

- 2 c. à soupe (30 ml) de canneberges séchées
- 2 c. à soupe (30 ml) de noix de Grenoble hachées
- Sauce Worcestershire
- Sel et poivre noir fraîchement moulu
- 1 pincée de romarin séché
- 8 boules de fromage de chèvre

Hacher les canneberges. Les déposer dans une assiette avec les noix de Grenoble, quelques gouttes de sauce Worcestershire, du poivre noir moulu, du sel et la pincée de romarin. Mélanger. Rouler les boules de fromage dans ce mélange. Conserver au réfrigérateur dans un contenant hermétique. Chambrer au moins 1 heure avant de servir.

Boules abricots et graines oméga-3
8 portions

- 2 c. à soupe (30 ml) d'abricots séchés
- 1 pincée de thym
- 1 pincée de poivre noir moulu
- 2 c. à soupe (30 ml) de graines de citrouille ou de fèves de soya grillées hachées
- 8 boules de fromage de chèvre

Hacher les abricots. Les déposer dans une assiette avec le thym, le poivre noir moulu et les graines hachées. Mélanger. Rouler les boules de fromage dans ce mélange. Conserver au réfrigérateur dans un contenant hermétique. Chambrer au moins 1 heure avant de servir.

Boules aux tomates séchées et chanvre
8 portions

- 2 c. à soupe (30 ml) de tomates séchées
- 2 c. à soupe (30 ml) de chocolat noir pur 70 % cacao
- 1 c. à thé (5 ml) d'estragon frais haché
- 1 pincée de poivre de Cayenne
- 1 c. à thé (5 ml) de graines de chanvre écalées
- 8 boules de fromage de chèvre

Réhydrater les tomates séchées sans les ramollir complètement. Les éponger et les hacher finement. Hacher le chocolat noir en fins copeaux. Déposer tous les ingrédients dans une assiette et mélanger. Rouler les boules de fromage dans ce mélange. Conserver au réfrigérateur dans un contenant hermétique. Chambrer au moins 1 heure avant de servir.

Boules de fromage

variées et colorées

Canapés
de pommes de terre

20 portions

3 ou 4 pommes de terre moyennes
2 tomates séchées hachées
2 tranches de 1,41 oz (40 g) de saumon fumé
1 à 2 petits oignons perlés
1 c. à thé (5 ml) de moutarde à l'ancienne ou de Dijon
1 c. à thé (5 ml) d'un mélange d'huiles oméga-3 (lin, canola, chanvre)
½ c. à thé (2 ml) de jus de citron
½ tasse (125 ml) de crème sûre légère
Brins d'aneth hachés (au goût)
Ciboulette
Sel et poivre fraîchement moulu

Réhydrater les tomates séchées. Couper les pommes de terre en rondelles d'un demi-pouce (2 cm) et les cuire dans l'eau bouillante salée. Les disposer sur un plat de service. Mélanger les ingrédients de la garniture. Creuser légèrement les tranches de pomme de terre pour y mettre un peu du mélange d'huiles afin d'augmenter la teneur en oméga-3 de ces bouchées. Déposer ½ c. à thé de garniture (environ) sur chaque rondelle. Servir tiède ou froid.

> **Suggestions**
> Utilisez du thon en boîte et de la mayonnaise à l'huile de canola.

Trempette aux pommes
et aux noix

6 à 8 portions

½ c. à thé (2 ml) d'huile de soya
1 petit brin de romarin
1 petite pomme acidulée en dés (Granny Smith, McIntosh)
½ c. à thé (2 ml) de cassonade
1 c. à soupe (15 ml) de vin Marsala
6 oz (180 g) de fromage à la crème léger
3 à 4 c. à soupe (50 à 60 ml) de noix de Grenoble hachées
¼ tasse (60 g) de graines de chanvre écalées
1 pincée de piment de la Jamaïque
Sel
Lait écrémé

Chauffer un poêlon antiadhésif à feu moyen. Chauffer doucement l'huile de soya avec le brin de romarin (1 po - 2,54 cm). Faire revenir les dés de pommes avec la cassonade. Verser le vin. Retirer du feu. Laisser refroidir complètement. Fouetter le fromage dans un bol avant d'ajouter les noix et les graines. Assaisonner avec la pincée de piment de la Jamaïque et le sel. Ajouter les pommes. Brasser. Ajouter du lait selon la consistance désirée. Servir avec des crudités, sur des biscottes ou des craquelins. Conserver dans un contenant hermétique au réfrigérateur.

> **Suggestions**
> Pour une trempette plus sucrée, omettez le vin et versez du sirop d'érable ou du miel sur les pommes. Les noix de pacane se combinent très bien dans cette recette. Cette trempette garnit bien la boîte à lunch.

Canapés

de pommes de terre

Entrées et bouchées 63

Canapés de pastèque
et saumon

Canapés
1/4 d'une pastèque (1 kg)
3,53 oz (100 g) de gravlax

Garnitures
Œufs de poisson (saumon, poisson volant- tobiko)
Herbes fraîches (estragon, menthe, aneth)
Germination (luzerne, pousses de céréales)

Gravlax
1 petit filet de 3,53 à 4,41 oz (100 à 125 g) de saumon
1/2 c. à thé (2 ml) de mélange d'herbes à fruits de mer
1/2 c. à thé (2 ml) de ciboulette sèche
1 partie de gros sel
1 partie de sucre
Poivre noir fraîchement moulu

Trancher la pastèque. Enlever les graines. Tailler en cubes de moins de 2 po (5 cm). Former de petits rouleaux avec le gravlax, les herbes et les germinations. Déposer sur chaque cube de pastèque. Garnir d'œufs de poisson, si désiré. Réfrigérer avant de servir.

Préparer le gravlax la veille. Déposer le filet de saumon dans une assiette à rebords. Saupoudrer le filet de saumon de ciboulette et d'un mélange d'herbes à fruits de mer. Étendre une mince couche de sel et de sucre mélangés (moins de 1/4 po - 6 mm d'épaisseur). Ajouter du poivre au goût. Recouvrir de pellicule plastique et poser un poids par-dessus (boîtes de conserve). Laisser au réfrigérateur 7 à 8 heures selon l'épaisseur du filet. Rincer. Trancher mince, selon les besoins.

Suggestions
Pour un petit goût « fumé » délicieux, combinez une à deux tranches de truite ou de saumon fumé haché au mélange de fromage. Servez sur des endives ou sur du pain de seigle ou pumpernickel.

Utilisez aussi pour confectionner de succulents sandwichs pour le lunch. Transférez dans un contenant hermétique pour éviter de mouiller le pain.

Trempette
au saumon

24 portions

5,98 oz (170 g) de filet de saumon avec la peau
1/4 à 1/2 tasse (60 à 125 ml) de vin blanc sec
1 feuille de laurier
1/2 tasse (125 ml) de chaque fromage crémeux (ricotta, chèvre) faible en gras
1/2 c. à thé (2 ml) de moutarde de Dijon
1 c. à thé (5 ml) de jus de citron
1 c. à thé (5 ml) de zeste de citron
1 c. à thé (5 ml) de ciboulette sèche ou 1 c. à soupe (15 ml) fraîche
Pincée d'aneth
Sel et poivre noir fraîchement moulu
Lait écrémé

Pocher le filet de saumon dans le vin à feu moyen avec la feuille de laurier. Laisser refroidir complètement dans le vin avant d'enlever la peau. L'effilocher à la fourchette. Fouetter le fromage dans un bol avant de le mélanger avec tous les autres ingrédients. Mélanger. Assaisonner. Ajouter du lait selon la consistance voulue. Conserver dans un contenant hermétique au réfrigérateur. Servir avec des biscottes ou du pain tortilla tranché.

Canapés de pastèque

et saumon

Entrées et bouchées   65

Boulettes de riz
crevettes et maquereau

4 à 6 portions

1 tasse (250 g) de riz blanc ou brun cuit
12 grosses crevettes cuites
½ tasse (125 g) de maquereau
2 c. à soupe (30 ml) de noix hachées
2 c. à soupe (30 ml) d'algues nori hachées
1 petit oignon vert haché
1 c. à thé (5 ml) de sauce soya
1 pincée de poivre Sichuan
1 pincée de Cayenne
1 œuf oméga-3 battu

Mettre ½ tasse de riz et tous les autres ingrédients dans un robot culinaire ou mélanger à la fourchette pour obtenir une pâte grumeleuse. Façonner des boulettes. Les enrober avec l'autre ½ tasse de riz cuit. Chauffer l'huile dans un poêlon. Frire 1 minute environ les boulettes en les retournant à l'aide de pinces tong ou d'une cuillère. Déposer sur du papier absorbant. Servir tiède ou froid avec de la sauce soya légère aromatisée au gingembre ou épicée au chili.

Minis pâtés
au saumon

25 portions

2 pommes de terre moyennes
1 petit blanc de poireau
1 c. à soupe (15 ml) d'huile d'olive
4,41 oz (125 g) de saumon
1 c. à soupe (15 ml) de vin blanc sec (facultatif)
1 jaune d'œuf oméga-3
½ à ¾ tasse (125 à 180 ml) de lait 1 % tiède
Sel et poivre

Garniture

1 brin d'aneth ou poivre rose
Paprika
½ c. à thé (2 ml) d'huile de chanvre

Huiler de petits plats de service ou des cuillères chinoises en porcelaine. Cuire les pommes de terre dans l'eau bouillante salée. Hacher le poireau et le faire revenir dans l'huile d'olive. Saler et poivrer le saumon. Cuire avec les poireaux de 2 à 3 minutes de chaque côté. Il ne doit pas trop cuire. Arroser d'un trait de vin blanc, si désiré. Verser un peu d'huile supplémentaire au besoin. Défaire le saumon à la fourchette. Réserver. Réduire les pommes de terre en purée en ajoutant le jaune d'œuf battu et le saumon. Verser du lait écrémé tiède. Assaisonner. Faire des rosettes ou un petit nid de purée. Arroser d'un filet d'huile de chanvre si désiré et garnir d'un brin d'herbe et de poivre rose moulu. Servir tiède.

Boulettes de riz

crevettes et maquereau

Entrées et bouchées

Déjeuners et brunchs

Goûtez aux petits plaisirs matinaux !

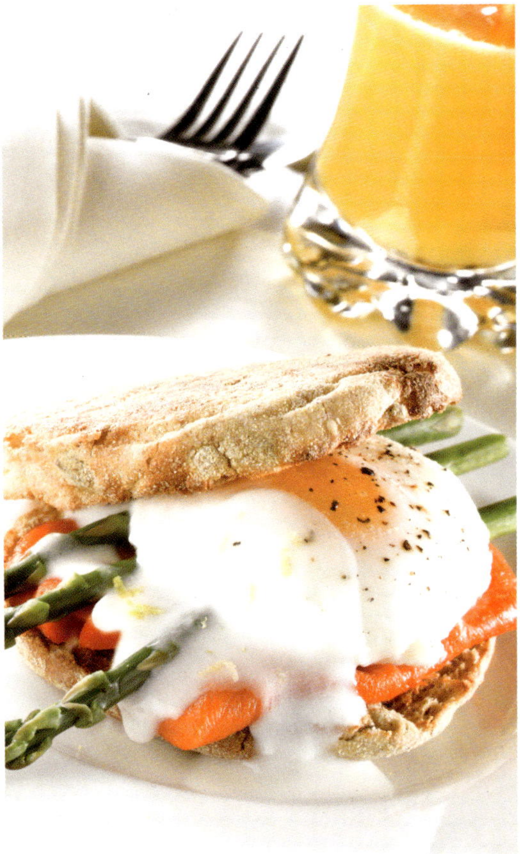

Œuf et saumon fumé
sur muffin anglais

4 portions

Sauce blanche au fromage de chèvre

1 c. à soupe (15 ml) d'huile de canola
1 c. à soupe (15 ml) de farine ou de fécule de maïs
1 tasse (250 ml) de lait 1 %
1 c. à soupe (15 ml) de fromage de chèvre faible en gras
½ c. à thé (2 ml) de zeste de citron fin
Sel et poivre blanc

Accompagnement

4 œufs oméga-3
½ c. à thé (2 ml) de vinaigre de vin blanc
4 tranches de saumon fumé
4 muffins anglais grillés
12 asperges (facultatif)

Mélanger l'huile avec la farine ou la fécule de maïs. Dans une casserole, verser le lait et chauffer jusqu'à frémissement. Ajouter le mélange de farine et d'huile ou le roux, si on veut et cuire à feu moyen-élevé tout en continuant de fouetter jusqu'à épaississement. Incorporer le fromage de chèvre et le zeste de citron en fouettant hors du feu. Assaisonner au goût. Lorsque la sauce est prête, pocher les œufs dans de l'eau bouillante légèrement vinaigrée quelques minutes ou jusqu'à ce que le blanc soit ferme; l'intérieur toutefois doit demeurer liquide.

Déposer une fine tranche de saumon fumé sur un muffin anglais grillé. Garnir d'un œuf poché et d'asperges, si désiré. Napper de sauce chaude. Servir immédiatement.

> **Suggestions**
> Le montage peut être facilité en utilisant un moule à charnière huilé. Il en est de même si vous avez à le transporter.

Omelette étagée
au saumon fumé

6 portions

6 œufs oméga-3
6 c. à soupe (100 ml) d'eau filtrée
1 c. à thé (5 ml) de moutarde de Dijon (facultatif)
1 c. à soupe (15 ml) de farine non blanchie
1 échalote française hachée
Moitié-moitié huile d'olive et huile de canola (½ c. à thé) (2 ml)
7,06 à 8,81 oz (200 à 250 g) de saumon fumé
¼ tasse (60 g) de fromage mozzarella écrémé
Persil haché
Sel et poivre fraîchement moulu

Fouetter les œufs avec l'eau et la moutarde de Dijon. Assaisonner. Ajouter la farine en pluie. Mélanger. Faire revenir les échalotes dans le mélange d'huile d'olive et d'huile de canola. Cuire 1 omelette à la fois, dans un poêlon mesurant environ 7 po de diamètre (16 cm). Séparer les omelettes avec du papier d'aluminium. Déposer une première omelette et recouvrir de saumon fumé. Répéter l'opération avec les 6 omelettes. Cuire la dernière omelette en saupoudrant le fromage râpé en fin de cuisson, une fois l'omelette retournée. Couvrir de papier d'aluminium jusqu'au moment de servir. Couper en pointe comme un gâteau.

Œuf et saumon fumé

sur muffin anglais

Déjeuners et brunchs

Cassolettes d'œufs
aux tomates

4 portions

4 c. à soupe (60 ml) d'oignons doux
1 c. à soupe (15 ml) d'huile de canola
4 à 6 champignons (pleurotes, de Paris ou morilles)
4 tranches de saumon fumé
4 tomates cerises tranchées
8 œufs oméga-3
2 c. à soupe (30 ml) de fromage brie, de fromage de chèvre ou de mozzarella écrémé
3 c. à soupe (50 ml) de lait 1 %
½ c. à thé (2 ml) de persil haché

Préchauffer le four à 375 ºF (190 ºC). Hacher l'oignon. Faire dorer dans un peu d'huile de canola. Ajouter les champignons et le saumon fumé et faire revenir quelques minutes. Éponger. Déposer dans le fond de petits plats huilés allant au four. Parsemer de tranches de tomates cerises. Casser les œufs. Ajouter des morceaux de fromage. Verser environ une cuillère de lait 1 % sur le dessus de la préparation. Déposer les plats dans une lèchefrite. Verser de l'eau bouillante. Cuire environ 15 minutes ou jusqu'à la cuisson désirée. Parsemer de persil haché. Servir avec du pain grillé.

Suggestions
Le montage peut être facilité en utilisant un moule à charnière huilé. Il en est de même si vous avez à le transporter.

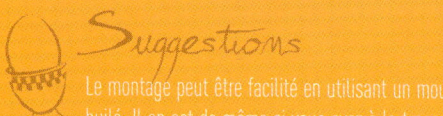

Omelette
style espagnol

6 à 8 portions

2 tasses (500 g) de pommes de terre en dés (2 à 3)
1 tasse (250 g) d'oignons doux
½ c. à thé (2 ml) d'huile d'olive et d'huile de canola
6 gros œufs oméga-3
3 c. à soupe (50 ml) d'eau filtrée
Sel et poivre
1 pincée de piment d'Espelette (facultatif)

Peler les pommes de terre. Les couper en petits dés. Hacher l'oignon. Chauffer le mélange d'huiles dans un poêlon antiadhésif assez épais. Y déposer les pommes de terre et l'oignon. Remuer. Réduire la chaleur et cuire de 15 à 20 minutes ou jusqu'à ce que le tout soit tendre mais pas doré. Ajouter un peu d'huile, au besoin. Retirer du feu et essuyer le poêlon. Battre les œufs. Ajouter 3 c. à soupe d'eau filtrée. Assaisonner. Les mélanger avec les oignons et les pommes de terre dans un bol. Chauffer à nouveau un peu d'huile. Cuire le mélange à feu moyen. Prolonger la cuisson durant environ 4 minutes ou jusqu'à ce que le dessous soit cuit. Recouvrir d'une assiette de la même grandeur que le poêlon et faire glisser l'omelette dans l'assiette. Remettre un peu d'huile et cuire l'autre côté de 3 à 4 minutes ou jusqu'à ce que la surface ait grillé et soit ferme. Le centre demeurera moins ferme. Glisser à nouveau sur une assiette. Laisser reposer 10 à 15 minutes avant de servir. Couper en pointes ou en petits cubes.

Cassolettes d'œufs

aux tomates

Déjeuners et brunchs

Œuf miroir
et hareng fumé au foie de veau

1 portion

1 petite pomme de terre en cubes	
1 à 2 c. à soupe (15 à 30 ml) d'huile d'olive ou de canola	
Sel et poivre fraîchement moulu	
1 rondelle d'un petit oignon (¼ po-1 cm)	
1,76 oz (50 g) de foie de veau en morceaux	
½ filet de hareng mariné, tranché	
1 œuf oméga-3	
Tomates	
Laitue	

Rissoler les cubes de pomme de terre dans l'huile de canola. Assaisonner. Réserver au chaud dans du papier d'aluminium. Poêler les oignons avec les morceaux de foie de veau et le hareng mariné. Cuire l'œuf au miroir ou selon les préférences. Garnir l'assiette avec des morceaux de tomates et de la laitue.

Œufs farcis
à la truite fumée

6 portions

- 8 œufs oméga-3 à la coque
- 4 c. à thé (20 ml) de truite fumée
- 2 c. à soupe (30 ml) de mayonnaise de tournesol
- 2 oignons verts
- Lait 1 % (au goût)
- ½ c. à thé (2 ml) de moutarde de Dijon (facultatif)
- 1 c. à thé (5 ml) d'huile de chanvre
- 1 pincée de poivre rose moulu
- Herbes fraîches (estragon, aneth)
- Œufs de poisson volant ou caviar
- 4 à 6 olives vertes ou noires (facultatif)

Laisser refroidir les œufs après les avoir écalés. Les couper en deux et retirer le jaune à l'aide d'une cuillère. Déposer les jaunes dans un robot culinaire et mélanger avec la truite fumée, la mayonnaise, l'huile de chanvre et les oignons verts. Ajouter du lait, au besoin, pour obtenir un mélange onctueux. Rectifier l'assaisonnement et ajouter de la moutarde de Dijon au goût. Remplir les blancs d'œufs. Garnir de fines herbes, d'œufs de poisson volant ou de rondelles d'olives. Laisser refroidir 30 minutes à 1 heure sous pellicule plastique avant de servir. Conserver le surplus au réfrigérateur quelques jours.

Œuf miroir

et hareng fumé au foie de veau

Déjeuners et brunchs 75

Pouding au pain
salé

12 portions

4 à 5 œufs oméga-3
3 tasses (750 ml) de lait 1 %
1 pain croûté de grains entiers
5 tranches de jambon maigre ou de saumon fumé
10 à 20 asperges tranchées
2 échalotes françaises hachées
5 à 6 tomates séchées hachées
Sel et poivre fraîchement moulu
4 c. à soupe (60 ml) de fromage parmesan râpé
3,53 oz (100 g) de mozzarella partiellement écrémé

Battre légèrement les œufs et les mélanger aux 3 tasses de lait. Couper le pain en cubes. Déposer dans un moule carré de 9 po (23 cm), huilé. Verser le lait. Laisser imbiber toute la nuit ou au moins 4 heures. Trancher le jambon en morceaux. Prélever la moitié de pain imbibé. Déposer le jambon, les asperges, les échalotes et les tomates séchées au centre. Assaisonner. Couvrir de la moitié de pain trempé mise de côté. Cuire à 375 ºF (190 ºC) 45 minutes. Recouvrir de fromage râpé et poursuivre la cuisson durant 10 à 15 minutes ou jusqu'à ce que le fromage ait fondu.

Pêches farcies au ricotta
et aux noix

4 portions

2 pêches moyennes
4 cerneaux de noix de Grenoble
2 c. à soupe (30 ml) de fromage ricotta à 7 % gras
1 c. à soupe (15 ml) de miel
2 c. à thé (10 ml) de liqueur de pêches (facultatif)

Sirop

1 tasse (250 ml) d'eau filtrée
¼ tasse (60 g) de sucre granulé
1 brin de thym
Le jus d'un citron moyen

Hacher les noix finement. Amener l'eau à ébullition. Faire fondre le sucre en remuant. Ajouter le brin de thym, verser le jus de citron et mijoter à feu doux. Peler les pêches. Enlever le noyau et les pocher dans le sirop. Retirer du feu et laisser tiédir dans le sirop. Fouetter le fromage ricotta pour le rendre plus léger. Ajouter le miel, les noix hachées et la liqueur de pêches, si désiré. Remplir le centre de chaque moitié de pêche avec le mélange au fromage. Servir tiède ou froid avec le sirop.

Suggestions
Si vous utilisez des fruits en conserve, utilisez la moitié du sirop avec une moitié d'eau pour faire le sirop aromatisé au thym.

Pouding au pain

salé

Déjeuners et brunchs 77

Carrés de polenta
grillés sucrés-salés

4 à 6 portions
Version salée

2 tasses (500 ml) de bouillon de poulet	
1 tasse (250 g) de semoule de maïs fine	
1 c. à thé (5 ml) d'huile de canola	
½ tasse (125 g) de parmesan râpé	

Accompagnements salés
- Fromage à la crème à la ciboulette, léger
- Oignons caramélisés
- Saumon fumé ou gravlax de truite saumonée

Garniture salée (environ 4 portions)
- 1 oignon moyen
- 1 c. à soupe (15 ml) d'huile d'olive
- 1 c. à thé (5 ml) de vinaigre balsamique
- 2 tranches de saumon fumé (env. 2 g chacune)
- 5,28 oz (150 g) de fromage à la crème léger
- Roquette ou germinations
- (luzerne, jeunes pousses de graines de tournesol)

4 à 6 portions
Version sucrée

- 2 tasses (500 ml) de lait 1 %
- 1 tasse (250 g) de semoule de maïs fine
- ¼ tasse (60 g) de sucre granulé
- 1 c. à soupe (15 ml) d'huile de noix
- 1 c. à thé (5 ml) comble de zeste d'orange
- 1 tasse (250 g) de canneberges séchées
- 2 c. à soupe (30 ml) de noix de Grenoble hachées
- 1 c. à thé (5 ml) de graines de lin moulues

Accompagnements sucrés suggérés
- Fromage à la crème aux petits fruits, léger
- Fruits frais (prune, orange, raisins)

Saupoudrer la semoule de maïs au-dessus du bouillon en ébullition. Poursuivre la cuisson à feu doux et brasser souvent. La polenta cuit rapidement en quelques minutes. Retirer du feu. Incorporer l'huile de canola et la moitié du parmesan. Couvrir de papier parchemin une plaque à cuisson et étaler le mélange sur la plaque. Laisser refroidir (environ 30 minutes). Couper en triangles ou en carrés de 2 po (5 cm). Envelopper de pellicule plastique. Conserver au réfrigérateur. Griller le lendemain dans une poêle. Servir chaud ou tiède. Couvrir de garniture au choix.

Dans un poêlon antiadhésif, cuire l'oignon à feu moyen-doux dans un peu d'huile d'olive, en mouillant avec le vinaigre balsamique en fin de cuisson. Le vinaigre doit être évaporé et les oignons bien dorés. Transférer sur du papier absorbant. Trancher le saumon en lamelles de ¾ po (3 cm). Garnir d'oignons caramélisés et de roquette ou de germinations et d'une lanière de saumon fumé. Servir avec du fromage crémeux. Pour la version sucrée, suivre les mêmes directives que pour la polenta salée. Ajouter l'huile, les noix et les graines hors du feu.

Carrés de polenta

grillés sucrés-salés

Déjeuners et brunchs 79

Coupes de yogourt
au muesli épicé

4 portions

1 ½ tasse (375 ml) de yogourt nature ou à la vanille, faible en gras
Fruits frais (baies, quartiers de pomme, pêche)

Muesli

1 ½ tasse (375 g) de flocons d'avoine
¼ tasse (60 g) de graines de sésame
1 c. à thé (5 ml) de graines de lin moulues
¼ tasse (60 g) de graines de citrouille et de chanvre hachées
½ tasse (125 g) de noix mélangées hachées (pacanes, pistaches, pignons, noix de Grenoble ou amandes blanchies)
¾ tasse (180 g) de fruits secs hachés (dattes, raisins, bleuets ou abricots)

Miel épicé

1 tasse (250 ml) de miel doux
2 anis étoilés
1 pincée de clou de girofle
1 bâton de cannelle ou ¼ c. à thé (1 ml) en poudre

Chauffer le miel avec les épices à feu moyen pendant 5 à 8 minutes pour l'aromatiser. Laisser tiédir. Enlever les épices. Mélanger dans un bol les ingrédients du muesli. Verser le miel chaud sur le mélange. Bien amalgamer. Tiédir. Servir le yogourt froid avec le muesli et les fruits frais.

Gruau au sarrasin
sans gluten

4 portions

3 ⅓ tasses (830 ml) d'eau filtrée
⅔ tasse (160 g) de gruau au sarrasin
1 pincée de sel
1 petite pomme râpée (Gala, Empire, Cortland)
1 c. à soupe (15 ml) de raisins secs hachés
1 c. à soupe (15 ml) de sirop d'érable
1 pincée de cannelle
Noix de Grenoble ou graines de chanvre écalées
2 c. à thé (10 ml) de graines de lin moulues

Garnitures

Yogourt nature faible en gras
Compote de fruits

Porter l'eau à ébullition. Ajouter le gruau au sarrasin, le sel, la cannelle et les fruits. Réduire le feu. Mijoter de 8 à 10 minutes. Remuer de temps à autre. Incorporer les graines de lin et les noix hors du feu quand le gruau aura épaissi. Garnir au goût. Servir tiède avec du sirop d'érable.

Suggestions

Parfumez ce gruau à la cardamome ou ajoutez-y de l'eau de fleur d'oranger ou de rose, pour une saveur à l'orientale des plus suaves. Variez la saveur de ce délicieux gruau en le servant avec du lait d'amande à la vanille, du lait de riz ou de soya.

Coupes de yogourt

au muesli épicé

Gaufres à l'ancienne
à la farine de kamut

4 portions

- ⅛ tasse (30 g) de margarine molle (ou huile d'olive en vaporisateur)
- 2 œufs oméga-3
- ¼ c. à thé (1 ml) de sel de mer fin
- 1 tasse (250 ml) de lait 1 %
- 1 tasse (250 g) de farine de kamut
- 3 c. à soupe (50 ml) de graines de lin moulues (facultatif)
- 1 pincée de cannelle (facultatif)
- ⅛ tasse (30 g) de sucre granulé
- 1 c. à soupe (15 ml) d'huile de noix
- Sucre à glacer ou cassonade (au goût)

Pour le sirop de chocolat oméga-3

- 3,53 oz (100 g) de chocolat noir 70 % de cacao
- 1 c. à soupe (15 ml) de zeste d'orange
- 1 c. à thé (5 ml) d'huile de noix
- 2 c. à soupe (30 ml) de sirop de maïs
- 1 c. à soupe (15 ml) de graines de chanvre écalées ou de noix de Grenoble hachées finement (facultatif)
- ½ tasse (125 ml) de lait 1 %

Garnitures salées

- 1 œuf à la coque
- Gravlax et crème sûre légère
- Yogourt ou fromage crémeux faible en gras et poisson fumé

Garnitures sucrées

- Sucre à glacer
- Sirop de chocolat noir
- Fruits frais en morceaux
- Yogourt à la vanille ou aux fruits faible en gras

Faire fondre la margarine. Séparer les jaunes des blancs d'œufs. Fouetter les blancs en neige ferme. Battre les jaunes d'œufs dans le lait. Alléger la farine en la mélangeant à l'aide d'une fourchette ou en la tamisant. Mettre les ingrédients secs (sel, sucre, cannelle, graines de lin moulues et farine) dans un bol. Verser le lait et l'huile de noix graduellement dans la farine. Vaporiser d'huile le gaufrier ou badigeonner de margarine à l'aide d'un pinceau. Verser la pâte. Cuire environ 3 à 4 minutes, selon le type de gaufrier utilisé. Saupoudrer de sucre à glacer ou de cassonade. Servir nature ou avec des garnitures salées ou sucrées.

Faire fondre le chocolat noir dans un bain-marie en brassant doucement. Retirer du feu. Ajouter le zeste d'orange, l'huile, le sirop, les noix et le lait. Mélanger. Napper les gaufres telles quelles ou garnies de fruits.

Gaufres à l'ancienne

à la farine de kamut

Déjeuners et brunchs

Pain doré
au safran

4 portions

1 tasse (250 g) de poires Bosc en dés (2)
½ tasse (125 g) de fruits secs (pruneaux, figues, raisins)
½ tasse (125 g) de noix de Grenoble
1 c. à thé (5 ml) de margarine molle fondue
4 à 5 graines d'anis étoilé
2 à 3 c. à soupe (30 à 50 ml) de cassonade ou de miel
1 tasse (250 ml) de lait 1 %
¼ tasse (60 ml) de miel
3 à 4 pistils de safran (au goût)
5 jaunes d'œufs oméga-3
Eau de rose (facultatif)
Eau de fleur d'oranger (facultatif)
8 tranches de pain entier légèrement rassis
Huile d'olive ou margarine

Mélanger les poires en dés avec les fruits secs, les noix, la margarine et les graines d'anis. Dans un poêlon, chauffer ce mélange quelques minutes avec de la cassonade ou du miel. Réduire le feu. Chauffer le lait en y ajoutant le miel et le safran. Laisser tiédir. Filtrer. Battre les jaunes d'œufs avec le lait dans une assiette creuse. Aromatiser avec quelques gouttes d'eau de fleur, si désiré. Couper les tranches de pain. Déposer les tranches de pain pour qu'elles absorbent assez du mélange. Faire fondre un peu d'huile ou de margarine dans une poêle. Y faire dorer le pain. Servir avec le mélange de fruits et noix au miel chaud, si désiré.

Crêpes
américaines

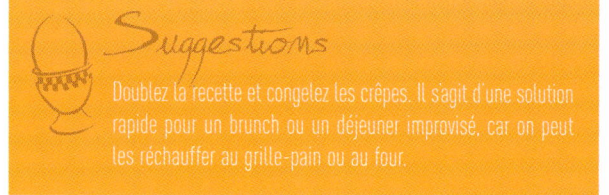

4 portions

2 tasses (500 g) de farine de blé entier
2 c. à thé (10 ml) de poudre à pâte
1 c. à thé (5 ml) de bicarbonate de soude
1 pincée de sel de mer fin
2 c. à soupe (30 ml) d'huile de canola ou d'huile de noix
2 œufs oméga-3
2 tasses (500 ml) de lait de beurre à 0,25 % de gras
¾ tasse (180 g) de bleuets sauvages congelés

Garnitures

Sirop d'érable
Petits fruits
Graines de lin moulues

Tamiser les ingrédients secs dans un grand bol. Ajouter l'huile, les œufs et le lait de beurre. Bien mélanger pour obtenir une pâte lisse. Laisser reposer environ 30 minutes. Décongeler les bleuets dans l'eau froide. Chauffer à feu moyen un peu d'huile de canola dans une poêle à crêpes. Incorporer les bleuets dans la pâte. Verser à l'aide d'une cuillère la pâte à crêpes. Cuire un côté jusqu'à ce que la crêpe ait gonflé puis la retourner. Cuire environ 30 secondes. Transférer dans une assiette chaude ou un réchaud. Graisser le poêlon avec un essuie-tout imbibé d'huile ou de margarine. Calculer une ou deux crêpes par personne. Garnir.

Suggestions

Doublez la recette et congelez les crêpes. Il s'agit d'une solution rapide pour un brunch ou un déjeuner improvisé, car on peut les réchauffer au grille-pain ou au four.

Pain doré

au safran

Déjeuners et brunchs

Soufflés
aux noix

4 portions
Soufflé

Huile de canola
4 cerneaux de noix de Grenoble
3 œufs oméga-3
1 noix de muscade râpée
1 c. à soupe (15 ml) de graines de lin
Sel et poivre blanc moulu
Laitue et salsa

Sauce au fromage

1/3 tasse (80 ml) de lait 1 %
1/4 tasse (60 g) de fromage parmesan râpé
1 jaune d'œuf oméga-3
1/2 c. à thé (2 ml) de fécule de maïs
1 pincée de curry (facultatif)
Poivre vert ou noir moulu

Salsa de fruits frais

1 c. à soupe (15 ml) de miel (facultatif)
2 à 3 grains de poivre broyés
1 tasse (250 g) de carottes en dés
1 tasse (250 g) de tomates cerises
1 tasse (250 g) d'ananas en morceaux
1/2 c. à thé (2 ml) de jus de lime ou de citron
1 tasse (250 ml) de jus d'ananas ou infusion de thé vert
1 à 2 c. à soupe (15 à 30 ml) de coriandre hachées
1 c. à thé (5 ml) d'huile de noix
1 c. à thé (5 ml) de graines de lin moulues

Préchauffer le four à 375 ºF (180 ºC). Huiler 4 ramequins individuels. Couper les cerneaux de noix de Grenoble en deux. Réserver. Moudre les noix de Grenoble et les graines de lin. Séparer le blanc et le jaune des œufs. Mélanger les noix et graines moulus avec les jaunes d'œufs. Assaisonner. Ajouter une pincée de muscade. Monter le blanc en neige ferme. Incorporer au mélange en pliant délicatement. Mettre la préparation dans les ramequins. Remplir une lèchefrite à moitié d'eau chaude. Cuire dans l'eau environ 25 minutes. Démouler ou non et servir avec la sauce et la salsa de fruits frais.

    Pour la sauce au fromage : dans une casserole, porter le lait 1 % à ébullition. Réduire le feu et ajouter le fromage. Mélanger. Casser l'œuf. Séparer et congeler le blanc. Hors du feu, ajouter le jaune d'œuf. Fouetter. Saupoudrer une pincée de curry ou de poivre, au goût.

Chauffer le miel avec le poivre broyé. Trancher les carottes en dés fins. Couper les tomates cerises en quatre. Déposer les fruits et les carottes dans un saladier. Verser le jus de lime et ajouter le miel chaud et l'huile de noix. Mélanger. Ajouter du jus d'ananas ou une infusion de thé vert. Macérer au moins 1 heure. Saupoudrer de graines de lin au moment de servir.

Soufflés

aux noix

Déjeuners et brunchs

Muffins aux raisins
et strudel aux noix

12 muffins

- 1 ½ tasse (375 g) de farine de kamut ou de blé entier
- 1 tasse (250 g) de raisins secs hachés
- 2 œufs oméga-3
- ½ tasse (125 ml) d'huile d'olive ou d'huile de canola
- ½ tasse (125 ml) de miel
- 1 ½ tasse (375 g) de farine de kamut ou de blé entier
- 2 c. à soupe (30 ml) de poudre à pâte
- 1 c. à thé (5 ml) de sel
- ½ c. à thé (2 ml) de muscade
- ¾ tasse (180 g) de lait de beurre à 0,25 % de gras

Croustade

- ¼ tasse (60 g) de beurre mi-salé froid ou de margarine molle
- ½ tasse (125 g) de farine de kamut
- ¼ tasse (60 g) de cassonade
- ⅓ tasse (80 g) de noix mélangées (de Grenoble, pacanes, pistaches)

Préchauffer le four à 350 ºF (175 ºC). Défaire le beurre froid ou la margarine en petits copeaux. Mélanger les ingrédients de la croustade. Réserver. Graisser et enfariner les moules. Battre les œufs avec l'huile et le miel. Tamiser les ingrédients secs. Les ajouter au mélange d'œufs en alternant avec le lait de beurre. Enfariner légèrement les raisins secs et les incorporer au dernier moment en pliant la pâte à l'aide d'une cuillère de bois. Remplir les moules aux deux tiers et saupoudrer du mélange de noix. Cuire environ 18 à 20 minutes ou jusqu'à ce qu'un cure-dents piqué au centre en ressorte propre. Servir avec de la confiture.

Blinis
Express

20 portions

- ½ tasse (125 g) de farine de sarrasin
- ½ tasse (125 g) de farine de blé entier ou de kamut
- 1 ¼ tasse (310 ml) de lait 1 %
- 2 œufs oméga-3 séparés
- ½ c. à thé (5 ml) de bicarbonate de soude
- ½ c. à thé (5 ml) de sel de mer fin

Garnitures

- 4,23 oz (120 g) d'œufs de saumon, de lump ou caviar
- ½ tasse (125 ml) de crème sûre légère
- 2,64 oz (75 g) de gravlax de truite fumée ou de saumon fumé
- 1 c. à thé (5 ml) de ciboulette ou d'aneth frais
- Sel et poivre noir moulu

Dans un bol, mélanger les deux sortes de farine. Mélanger les jaunes d'œufs avec la farine jusqu'à l'obtention d'une pâte lisse. Pendant ce temps, préparer les accompagnements. Monter les blancs d'œufs en neige ferme. Les incorporer à la préparation. Chauffer une plaque antiadhésive à feu moyen-élevé ou huiler légèrement un poêlon. À l'aide d'une louche, verser la pâte pour former de petites crêpes (environ 4 po - 10 cm de diamètre). Retourner les crêpes lorsqu'elles sont dorées. Servir chaud avec les garnitures proposées.

Muffins cheddar et ciboulette

Beurre de dattes
à l'orange

20 à 30 portions

1 tasse (250 ml) de jus d'orange frais (avec la pulpe)
2 tasses (500 g) de dattes hachées
1 c. à soupe (15 ml) de zeste d'orange
Eau filtrée (au besoin)
1 c. à thé (5 ml) d'extrait de vanille pure
1 c. à soupe (15 ml) d'huile de noix
½ c. à thé (2 ml) d'huile de lin

Chauffer le jus d'orange à feu doux. Incorporer les dattes et le zeste d'orange. Cuire de 8 à 10 minutes en brassant jusqu'à l'obtention d'une purée. Ajouter de l'eau, au besoin, si le beurre est trop épais. Retirer du feu. Laisser tiédir. Verser les huiles de noix et de lin, ainsi que l'extrait de vanille. Mélanger. Conserver dans un contenant hermétique au réfrigérateur.

Tartinade aux noix
et à l'érable

8 à 10 portions

8,81 oz (250 g) de fromage à la crème léger
¼ tasse (60 g) de noix de pacane ou d'amandes hachées
¼ tasse (60 g) de noix de Grenoble hachées
1 c. à soupe (15 ml) de graines de lin moulues
1 c. à soupe (15 ml) de sirop d'érable ou de miel
¼ c. à thé (1 ml) de cannelle
1 pincée de sel

Mélanger tous les ingrédients à l'aide d'une fourchette. Sucrer au goût. Conserver au réfrigérateur dans un contenant hermétique.

Beurre de dattes

à l'orange

Déjeuners et brunchs

Lunchs et salades

Découvrez de nouvelles idées pour le dîner!

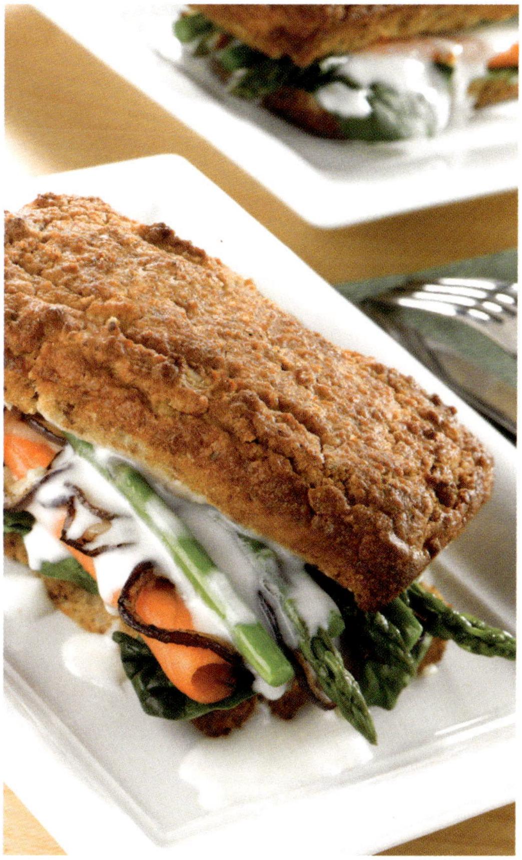

Salade de saumon
à l'avocat

Par portion

2,82 oz (80 g) de saumon cuit
1 c. à soupe (15 ml) d'huile d'olive
1 tranche d'oignon espagnol ou 1 petit oignon perlé
1 petit avocat Hass mûr
½ c. à thé (2 ml) de persil haché
1 tomate moyenne tranchée
10 à 12 feuilles de mesclun

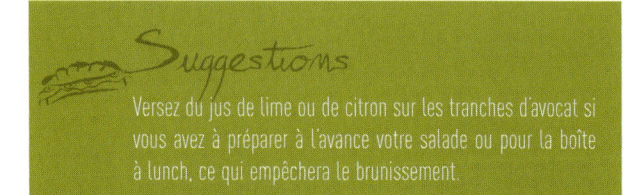

Vinaigrette

1 c. à thé (5 ml) de jus de lime
1 c. à soupe (15 ml) d'un mélange d'huile d'olive et d'huile de canola
⅛ c. à thé d'huile de lin
½ c. à thé (2 ml) de miel
¼ c. à thé (1 ml) de moutarde de Dijon
½ c. à thé (2 ml) d'estragon haché
Sel et poivre noir moulu

Suggestions

Versez du jus de lime ou de citron sur les tranches d'avocat si vous avez à préparer à l'avance votre salade ou pour la boîte à lunch, ce qui empêchera le brunissement.

Émietter le saumon dans un bol en verre et verser l'huile. Hacher la moitié de l'oignon. Ajouter au saumon. Remuer. Assaisonner. Mouler le saumon à l'aide d'un emporte-pièce. Trancher l'avocat sur la longueur. Disposer les tranches dans une assiette de service recouverte de laitue. Ajouter la tomate et l'oignon restants. Fouetter les ingrédients de la vinaigrette. Verser la vinaigrette sur les légumes. Servir.

Hareng fumé
à l'européenne

4 portions

8 filets de hareng fumé (env. 7 po - 18 cm)
1 tasse (250 ml) de lait 1 %
1 à 2 oignons jaunes moyens
1 à 2 tasses (250 à 500 ml) d'huile de canola et d'huile d'olive
2 feuilles de laurier
4 à 5 grains de baies de genièvre

Salade de pommes de terre

2 tasses (500 g) de pommes de terre cuites (4 à 5 unités)
2 oignons verts ou échalotes françaises
2 c. à soupe (30 ml) de persil haché
Mélange moitié huile d'olive et moitié huile de canola
Sel et poivre

Déposer les harengs dans un plat en verre. Verser le lait 1 %. Couvrir. Laisser au réfrigérateur durant 24 heures. Jeter le lait. Rincer les filets. Trancher les oignons en rondelles. Mariner les filets de hareng dans un récipient muni d'un couvercle. Alterner oignon et poisson. Couper les filets au besoin selon le contenant utilisé. Déposer les feuilles de laurier et les baies de genièvre pour aromatiser. Remplir d'huile. Laisser mariner de 3 à 7 jours, au goût. Servir avec une salade de pommes de terre à l'européenne.

La salade

Cuire les pommes de terre dans l'eau salée environ 15 minutes. Tiédir. Couper en cubes. Hacher l'oignon vert ou l'échalote finement. Transférer dans un saladier. Assaisonner avec le persil, le sel et le poivre. Verser un filet du mélange d'huiles au moment de servir. Touiller. Servir tiède ou froid avec du hareng fumé.

Salade de saumon
à l'avocat

Salade de sardines
à la courgette

1 portion

- ½ courgette
- 2 à 3 feuilles de laitue Boston
- 4 à 6 brins de cresson
- ½ c. à thé (2 ml) de persil ciselé
- 1 c. à thé (5 ml) de copeaux de parmesan
- 3 cerneaux de noix (facultatif)
- 1 à 2 filets de sardines en conserve (ou cuits au four)

Vinaigrette

- 1 c. à thé (5 ml) de jus d'un citron grillé moyen
- 1 c. à thé (5 ml) d'un mélange d'huiles (d'olive, de citrouille ou de chanvre)
- ½ c. à thé (2 ml) de vinaigre balsamique
- Sel et poivre noir fraîchement moulu

Couper la courgette à l'aide d'une mandoline. Assaisonner. Mélanger tous les autres légumes dans un saladier. Griller les 2 moitiés du citron dans une poêle cannelée dans le mélange d'huiles. Laisser tiédir. Extraire le jus pour la vinaigrette. Conserver le surplus au réfrigérateur dans un contenant hermétique. Fouetter les ingrédients de la vinaigrette. Verser sur les légumes. Remuer. Incorporer le parmesan coupé en copeaux et les noix. Servir avec les sardines cuites.

Salade de thon
style méditerranéen

1 portion

- 1 petit filet d'anchois
- 6 à 8 haricots verts minces
- 1 petite pomme de terre jaune cuite
- 3,53 oz (env. 100 g) de steak de thon
- 3 à 4 olives Kalamata
- 2 à 3 tomates cerises
- 2 feuilles de laitue
- 2 c. à soupe (30 ml) de croûtons ou 1 tranche de pain de blé entier

Vinaigrette

- 1 c. à thé (5 ml) de jus de citron
- 1 c. à thé (5 ml) de vinaigre balsamique
- 2 c. à soupe (30 ml) d'huile d'olive
- ¼ c. à thé (1 ml) d'ail haché
- Basilic et origan hachés
- Sel et poivre noir fraîchement moulu

Rincer le filet d'anchois. Tremper 15 minutes dans l'eau. Hacher finement. Cuire les haricots verts dans un chaudron et la pomme de terre, dans un autre. Refroidir sous l'eau froide. Réserver. Couper la pomme de terre en cubes. Hacher finement les haricots verts. Trancher le steak de thon en lanières ou en cubes. Déposer tous les légumes et les morceaux d'anchois dans un saladier. Fouetter les ingrédients de la vinaigrette. Verser dans le saladier. Ajouter les herbes hachées. Remuer. Réserver. Disposer un peu de laitue en feuilles et des légumes dans une assiette de service. Servir en versant la vinaigrette.

Salade de sardines à la courgette

Salade
niçoise

1 portion

1 œuf oméga-3
1 tomate moyenne épépinée
1 cœur d'artichaut
1 lanière de poivron vert (1 po – 2,54 cm)
1 morceau de concombre (2 po – 5 cm)
1 petit oignon blanc
½ gousse d'ail dégermée
8 haricots verts
4 olives noires dénoyautées
2 à 3 feuilles de basilic ciselées
1 brin de ciboulette
1 petit filet d'anchois haché
½ c. à soupe (8 ml) d'un mélange d'huiles (½ olive, ½ canola)
1 c. à thé (5 ml) de vinaigre balsamique
Sel et poivre moulu

Rincer le filet d'anchois. Tremper 15 minutes dans l'eau. Hacher finement. Cuire l'œuf à la coque. Refroidir. Couper l'œuf, les tomates épépinées et le cœur d'artichaut en quartiers. Couper le concombre et le poivron en lanières et couper l'oignon en rondelles. Mettre tous les ingrédients au frais 30 minutes. Frotter le saladier avec la demi-gousse d'ail. Mélanger tous les légumes dans le saladier. Ajouter le basilic et la ciboulette ciselés. Verser un filet d'huile d'olive (ou moitié huile d'olive, moitié huile de canola, si désiré) et le vinaigre balsamique. Assaisonner. Remuer. Servir.

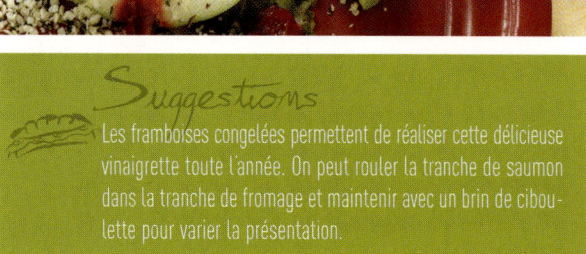

Salade de pommes
croquantes

1 portion

1 pomme Granny Smith
1 tranche de fromage mozzarella partiellement écrémé
1 tranche de saumon fumé
2 c. à soupe (30 ml) de graines de chanvre écalées
10 à 12 feuilles de mesclun
1 c. à thé (5 ml) de persil haché
1 à 2 brins de ciboulette hachés

Vinaigrette

1 c. à soupe (15 ml) comble de framboises
1 c. à soupe (15 ml) d'huile de noix
⅛ c. à thé d'huile de lin
1 c. à thé (5 ml) de vinaigre de vin rouge
¼ c. à thé (1 ml) ou plus de miel doux
Fleur de sel et poivre noir moulu

Suggestions
Les framboises congelées permettent de réaliser cette délicieuse vinaigrette toute l'année. On peut rouler la tranche de saumon dans la tranche de fromage et maintenir avec un brin de ciboulette pour varier la présentation.

Mélanger les ingrédients de la vinaigrette à l'aide d'une fourchette. Tamiser si désiré. Assaisonner. Prélever le cœur de la pomme. Trancher la pomme en quartiers et le fromage et le saumon, en lanières. Déposer le tout dans un saladier. Ajouter la laitue, le persil et la ciboulette hachée. Verser la vinaigrette. Remuer. Rectifier l'assaisonnement. Servir en saupoudrant des graines de chanvre écalées.

Salade

niçoise

Lunchs et salades

Salade de canard
à l'orange

1 portion

3,53 oz (100 g) de magret de canard
1 suprême d'orange
5 à 6 pousses de mâche ou 1 petite laitue Boston

Vinaigrette

2 c. à thé (10 ml) d'huile de canola
1 c. à thé (5 ml) d'huile de noix
½ c. à thé (2 ml) de jus de citron
¼ c. à thé (1 ml) de zeste d'orange
½ c. à thé (2 ml) de vinaigre de xérès
¼ c. à thé (1 ml) de gingembre râpé
1 doigt de miel
Poivre noir moulu ou poivre de Cayenne

Entailler en diagonale dans les deux sens le côté graisse du magret sans toucher à la viande. Poêler à feu moyen, au goût, en ne retournant pas le magret. Trancher et réserver. Peler l'orange à l'aide d'un couteau pour enlever toutes les parties blanches. Couper en quartiers. Enlever la peau et les pépins. Fouetter les ingrédients de la vinaigrette. Servir le canard tranché sur un petit pain avec la laitue. Verser la vinaigrette à la dernière minute.

Salade croquante
aux petits fruits

1 portion

1,41 oz (40 g) de thon rouge (facultatif)
Poivre noir concassé
1 c. à thé (5 ml) d'huile de canola ou d'olive
¼ tasse (60 g) de sarrasin blanc
½ tasse (125 ml) d'eau filtrée
1 pincée de sel de mer
1 c. à thé (5 ml) de graines de citrouille ou de chanvre écalées
1 petit oignon vert haché
3 à 4 feuilles de laitue romaine
½ tasse (125 g) de petits fruits (fraises, mûres)

Vinaigrette

⅛ c. à thé de jus de gingembre
½ c. à thé (2 ml) d'huile de noix et d'huile de citrouille ou de canola
2 à 3 gouttes d'huile de sésame
½ c. à thé (2 ml) de jus de lime
½ c. à thé (2 ml) de vinaigre balsamique
Sucre ou miel
4 feuilles de menthe ciselées
Sel et poivre moulu

Recouvrir le thon du poivre noir concassé, au goût. Saler au goût. Appuyer pour les faire adhérer. Griller au goût dans l'huile de canola ou d'olive. Trancher et réserver. Cuire le sarrasin dans l'eau filtrée salée. Rincer. Laisser tiédir. Ajouter les graines et l'oignon vert haché. Réserver. Râper du gingembre frais et en extraire le jus. Fouetter tous les ingrédients de la vinaigrette. Verser sur le mélange croquant. Remuer. Assaisonner. Déposer dans une assiette ou un bol garni de laitue. Agrémenter avec les petits fruits.

Salade de canard

à l'orange

Lunchs et salades

Feuilleté
de la mer

1 portion

2,82 oz (80 g) de fruits de mer variés	2/3 tasse (160 ml) de sauce tomate
2,82 oz (80 g) de saumon fumé ou de truite fumée en lanières	Herbes fraîches (origan, basilic)
1/2 c. à thé (2 ml) d'huile de canola ou d'huile d'olive (en vaporisateur)	1/2 tasse (125 g) de fromage parmesan
1 morceau de pâte feuilletée tout beurre (1 paquet de 14 oz /0,4 kg)	1 gousse d'ail hachée
6 oz (185 g) de fromage ricotta léger	1 grosse tomate tranchée
Olives noires	1 oignon moyen tranché fin
1 œuf oméga-3	1 tasse (250 g) de pousses d'épinards
Sel et poivre fraîchement moulu	

Préchauffer le four à 375 ºF (190 ºC). Vaporiser les fruits de mer et le poisson d'huile de canola ou d'huile d'olive. Faire sauter quelques minutes dans un poêlon anti-adhésif. Huiler un plat rectangulaire et le recouvrir de papier parchemin. Étendre la pâte froide au rouleau sur une surface légèrement enfarinée pour obtenir une croûte d'une épaisseur de 1/8 po (3 mm). Couper de la grandeur du plat (8 po x 12 po/20 cm x 30 cm) ou en bandes de 4,5 po x 10 po (11 cm x 24 cm) chacune. Déposer dans le plat. Remettre au réfrigérateur le temps de faire les garnitures. Passer le fromage ricotta dans un tamis fin et en extraire le liquide. Mélanger dans un bol avec l'œuf battu. Assaisonner. Étendre une mince couche de sauce tomate sur toute la pâte feuilletée. Ajouter les herbes fraîches et l'ail haché. Parsemer d'épinards et recouvrir du mélange de fromage ricotta et olives sur une moitié et l'autre, de tranches de tomates et d'oignons. Ajouter les fruits de mer et le saumon fumé ou la truite fumée. Vaporiser d'huile au choix (pour éviter que le poisson soit trop desséché). Cuire environ 10 à 15 minutes ou jusqu'à ce que la pâte soit dorée.

Salade de figues
chèvre et noix

1 portion

1/4 tasse (60 g) de couscous ou semoule de couscous
1/4 tasse (60 ml) d'eau filtrée + 1 c. à soupe (15 ml)
1 feuille de laurier
1 c. à soupe (15 ml) de persil haché
1 c. à soupe (15 ml) de graines de chanvre écalées
2 figues fraîches, mûres
Cassonade
4 cerneaux de noix

Vinaigrette

1 c. à thé (5 ml) d'huile de noix
1 c. à thé (5 ml) d'huile d'olive
1/2 c. à thé (2 ml) de vinaigre balsamique

Garniture

Laitue
Pousses d'épinards
0,88 oz (25 g) de jambon cuit maigre
0,88 oz (25 g) de fromage de chèvre

Jeter la semoule de blé dans de l'eau qui a bouilli avec une feuille de laurier. Laisser gonfler 5 minutes. Soulever à l'aide d'une fourchette et laisser refroidir. Ajouter le persil et les graines de chanvre. Laver les figues. Les éponger. Les couper en deux ou en quatre en partant de la pointe. Vaporiser d'huile d'olive et saupoudrer de cassonade, si désiré. Griller dans un poêlon. Laisser tiédir. Répartir la semoule dans une assiette de service. Verser la vinaigrette. Ajouter les figues et les noix. Saler et poivrer au goût. Garnir de laitue ou de pousses d'épinards, de fromage et de jambon.

Feuilleté

de la mer

Lunchs et salades   103

Salade au saumon
mariné

1 portion

½ kiwi tranché
2 tranches (minces ou épaisses) d'oignon rouge
½ pamplemousse rose
1 filet de saumon de 3,53 à 4,41 oz (100 à 125 g)
Sel et poivre fraîchement moulu
½ c. à thé (2 ml) de jus de citron ou de lime
15 à 20 feuilles de mesclun

Vinaigrette

1 c. à thé (5 ml) de jus de citron ou de lime
1 c. à thé (5 ml) d'huile de canola
2 c. à thé (10 ml) d'huile d'olive
Quelques gouttes d'huile de noix
½ c. à thé (2 ml) de sauce mirin
¼ c. à thé (1 ml) de gingembre haché
1 pointe d'ail hachée
1 pincée de poivre de Sichuan
Sel et poivre

Mélanger les ingrédients de la vinaigrette. Arroser les kiwis, les oignons et les quartiers de pamplemousse de vinaigrette. Laisser mariner quelques heures. Couper le filet de saumon en tranches très fines. Saler et poivrer. Arroser de jus de citron ou de lime. Laisser reposer 10 minutes. Garnir une assiette de laitue arrosée de vinaigrette. Ajouter tous les ingrédients de la salade et touiller. Servir.

Rouleaux
aux œufs à l'orientale

1 à 2 portions

1 oignon vert tranché
½ concombre
1 petite carotte
2 galettes de riz
2 œufs oméga-3
2 c. à soupe (30 ml) d'eau filtrée
Quelques gouttes de sauce de poisson
¼ c. à thé (1 ml) de sauce soya légère
1 c. à thé (5 ml) d'huile de canola
4 très grosses crevettes crues décortiquées
1 pincée de gingembre haché
Poivre de Cayenne ou pâte de chili
1 brin de coriandre (facultatif)

Sauce aux noix

1 tasse (250 g) de noix et de graines moulues
(noix de Grenoble, amandes, graines de chanvre et graines de lin)
1 c. à thé (5 ml) de miel (au goût)
½ à ¾ tasse (125 à 180 ml) d'eau filtrée
1 c. à soupe (15 ml) de sauce soya légère

Mélanger tous les ingrédients de la sauce dans un robot culinaire ou d'un mélangeur. Ajouter de l'eau pour une sauce plus liquide. Réserver. Trancher les légumes en fines lanières. Réserver. Tremper les galettes dans de l'eau tiède 1 minute pour les ramollir. Conserver dans un linge humide jusqu'au moment de les farcir. Fouetter les œufs avec l'eau filtrée. Ajouter la sauce de poisson ou la sauce soya, au goût. Chauffer l'huile de canola dans un poêlon. Faire sauter l'oignon vert. Ajouter le mélange d'œufs. Retourner l'omelette à l'aide d'une spatule pour la cuire des deux côtés. Couper en deux portions pour convenir à la grandeur de la galette de riz. Laisser tiédir. Faire sauter les crevettes dans l'huile de canola avec le gingembre et le poivre de Cayenne ou la pâte de chili. Laisser tiédir sur du papier absorbant. Déposer l'omelette sur la galette de riz et garnir de légumes et de crevettes. Rouler. Servir immédiatement avec la sauce aux noix.

Salade au saumon

mariné

Minis frittatas
Oméga-3

1 douzaine

¼ c. à thé (1 ml) de piment jalapeño
1 ou 2 petites pommes de terre
½ poivron rouge
½ poivron vert
1 petit oignon jaune haché
1 à 2 c. à thé (5 à 10 ml) d'huile d'olive et d'**huile de canola**
2 tomates moyennes en dés sans les graines
6 œufs oméga-3
6 c. à soupe (100 ml) d'eau filtrée
¼ tasse (60 ml) de lait 1 %
Sel et poivre
½ tasse (125 g) de cheddar ou de mozzarella partiellement écrémé râpé

Accompagnements

Mélange mesclun ou 1 petite laitue Boston
1 concombre tranché
12 petits pains tranchés (facultatif)

Préchauffer le four à 375 ºF (190 ºC). Graisser 12 moules à muffins de format régulier. Hacher le piment jalapeño très finement. Trancher les pommes de terre. Couper tous les autres légumes en petits dés. Faire blondir les oignons dans le mélange d'huiles. Ajouter les pommes de terre. Cuire quelques minutes. Battre les œufs et ajouter l'eau et le lait. Assaisonner. Déposer environ 1 c. à soupe de pommes de terre et d'oignons pour couvrir le fond des moules. Incorporer les légumes. Verser le mélange d'œufs. Remplir presque à ras bord. Cuire durant 15 minutes. Ajouter le fromage. Cuire jusqu'à ce que le centre soit ferme. Laisser refroidir. Conserver au frais dans des sacs à glissière. Servir avec de la laitue, des concombres et des tranches de pain.

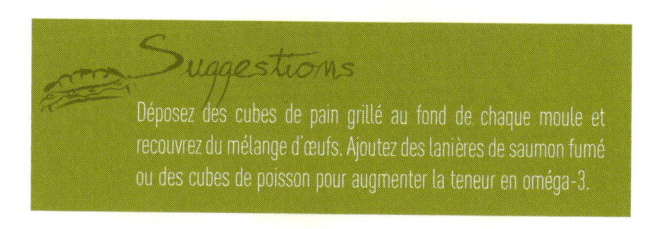

> **Suggestions**
>
> Déposez des cubes de pain grillé au fond de chaque moule et recouvrez du mélange d'œufs. Ajoutez des lanières de saumon fumé ou des cubes de poisson pour augmenter la teneur en oméga-3.

Pain doré
aux herbes

5 portions

5 tranches de pain de blé entier (légèrement rassis)
1 brin de romarin
1 petit brin de thym ou d'estragon
1 tasse (250 ml) de lait 1 %
2 œufs oméga-3
1 oignon vert haché fin

Couper les tranches de pain en deux. Chauffer les herbes fraîches dans le lait, à feu doux. Fouetter les œufs avec le lait dans une assiette profonde. Assaisonner. Ajouter l'oignon vert haché fin. Tremper le pain dans ce mélange. Chauffer un poêlon. Badigeonner d'un peu de margarine. Dorer les tranches de pain. Servir avec du fromage à tartiner, des fruits et des noix, ou encore, avec du poisson fumé.

Minis frittatas

Oméga-3

Lunchs et salades 107

Muffins à l'oignon
et au saumon fumé

1 douzaine

3 oignons rouges ou jaunes moyens
3 c. à soupe (50 ml) d'huile de canola
1 c. à soupe (15 ml) de margarine molle non hydrogénée (ou beurre)
1,41 oz (40 g) de saumon fumé ou de truite fumée
2 tasses (500 g) de farine d'épeautre
2 c. à soupe (30 ml) de poudre à pâte
½ c. à thé (2 ml) de bicarbonate de soude
1 pincée de sel
1 c. à soupe (15 ml) de moutarde de Dijon à l'ancienne (facultatif)
1 gros œuf oméga-3
¾ tasse + 1 c. à soupe (215 ml) de lait de beurre à 0,25 % de gras
2 c. à soupe (30 ml) de miel doux

Accompagnement
Salade aux carottes et aux noix
4 à 6 portions

1 pomme en dés (Délicieuse, Empire)
½ tasse (125 ml) d'eau filtrée
¼ c. à thé (1 ml) de sel
1 c. à soupe (15 ml) de jus de citron
2 tasses (500 g) de carottes râpées
¼ tasse (60 ml) d'un mélange d'huile de noix et d'huile d'olive
⅓ tasse (80 g) de noix de Grenoble hachées
1 c. à soupe (15 ml) de persil haché
½ c. à thé (2 ml) de poudre de cari
Sel et poivre fraîchement moulu

Préparer les moules à muffins en les doublant avec des moules à gâteau en papier. Trancher les oignons en fines lanières. Chauffer un poêlon. Ajouter l'huile de canola et cuire les oignons à feu doux en brassant. Cuire environ 20 minutes. Retirer du feu. Ajouter la margarine et laisser tiédir. Préchauffer le four à 350 ºF (180 ºC). Couper le saumon fumé ou la truite fumée en dés. Tamiser tous les ingrédients secs dans un grand bol. Ajouter la moutarde de Dijon et le miel. Fouetter l'œuf et l'ajouter au lait de beurre. Incorporer au mélange sec avec les dés de poisson et les oignons. Mélanger. Remplir aux deux tiers les moules à muffins. Cuire environ 20 minutes ou jusqu'à ce qu'un cure-dents piqué au centre en ressorte propre. Laisser refroidir. Servir tiède avec la salade aux carottes.

Pour l'accompagnement, tremper la pomme, préalablement coupée en dés, dans de l'eau salée et citronnée. Mélanger tous les ingrédients et réfrigérer 1 heure.

Suggestions

Si vous n'avez pas de lait de beurre, mélangez 1 c. à thé de jus de citron ou de vinaigre avec 1 tasse de lait 1 % tiède et laissez reposer de 10 à 15 minutes à la température de la pièce.

Muffins à l'oignon

et au saumon fumé

Lunchs et salades

Petits pains
au thon et aux herbes

6 portions

1 tasse (250 g) de poivrons de couleur
2,82 à 3,53 oz (80 à 100 g) de thon blanc en boîte
1 échalote française hachée
1 tasse (250 g) de farine (blé ou kamut)
1 c. à thé (5 ml) de poudre à pâte
½ c. à thé (2 ml) de bicarbonate de soude
2 c. à thé (10 ml) d'un mélange d'origan, de thym et de basilic en poudre
½ c. à thé (2 ml) de sel de mer fin
½ c. à thé (2 ml) de poivre noir
3 œufs oméga-3
½ tasse (125 ml) de lait 1 %
1 c. à soupe (15 ml) d'huile de canola
1 petite gousse d'ail
4 gouttes de sauce Tabasco (facultatif)

Préchauffer le four à 350 °F (175 °C). Graisser et enfariner de petits moules à pains individuels ou un moule à pain régulier. Doubler le fond des moules de papier sulfurisé (ciré). Couper les poivrons en dés. Émietter le thon et bien égoutté. Réserver. Faire revenir les poivrons quelques minutes dans un peu d'huile avec l'échalote hachée. Dans un bol, verser tous les ingrédients secs, en incluant les herbes, le sel et le poivre. Fouetter à l'aide d'un batteur électrique ou à la main en ajoutant les œufs, un à la fois, en alternant avec le lait et l'huile de canola. Incorporer le thon, les poivrons et la gousse d'ail hachée. Verser la sauce Tabasco, si désiré. Cuire de 30 à 40 minutes; les pains sont prêts lorsqu'un cure-dents piqué au centre en ressort propre. Laisser refroidir. Démouler et servir tiède accompagné d'une salade verte.

Salade de saumon fumé
pique-nique

1 portion

2 tranches (0,70 à 0,81 oz / 20 à 25 g) de saumon fumé
Fromage crémeux à tartiner
1 c. à thé (5 ml) de fromage bleu
2 c. à soupe (30 ml) de fromage à la crème léger ou de chèvre
¼ c. à thé (1 ml) de ciboulette ou d'aneth haché

Vinaigrette

1 c. à thé (5 ml) d'huile de noix
½ c. à thé (2 ml) de vinaigre balsamique
¼ c. à thé (1 ml) de graines d'anis broyées
Sel et poivre noir

Accompagnement

15 à 20 feuilles de laitue (roquette, mesclun)
1 poire ou une pomme
Persil haché
1 c. à thé (5 ml) de câpres
1 tranche de pain grillé (facultatif)
2 cerneaux de noix

Travailler le fromage crémeux à l'aide d'une fourchette pour le ramollir. Ajouter le fromage bleu. Bien mélanger. Émulsionner à l'aide d'un fouet (dans un robot culinaire ou au mélangeur) les ingrédients de la vinaigrette. Verser sur la laitue coupée en morceaux, avec les quartiers de poire. Servir avec du pain grillé, les bouchées de saumon et le mélange de fromage crémeux à tartiner. Garnir l'assiette de cerneaux de noix.

Petits pains

au thon et aux herbes

Lunchs et salades 111

Œufs farcis
à la chair de crabe et avocat

8 portions

1,76 oz (50 g) de chair de crabe
8 œufs oméga-3 à la coque
1 oignon vert haché
½ avocat Hass mûr
2 c. à soupe (30 ml) de crème sûre ou de yogourt faible en gras
3 c. à soupe (50 ml) de mayonnaise (ordinaire ou de soya)
1 c. à thé (5 ml) de moutarde de Dijon
1 c. à soupe (15 ml) d'huile de canola
1 c. à thé (5 ml) d'estragon haché
Sel et poivre noir moulu

Garniture

2 c. à soupe (30 ml) de petites crevettes
Herbes fraîches (aneth, ciboulette)
1 c. à thé (5 ml) de graines de chanvre écalées

Égoutter la chair de crabe. Réserver. Refroidir les œufs après les avoir écalés. Les couper en deux et en retirer le jaune à l'aide d'une cuillère. Réserver. Déposer les jaunes dans un robot culinaire avec tous les ingrédients. Si le mélange est trop épais, ajouter un peu de lait écrémé ou d'eau. Rectifier l'assaisonnement. Déposer dans une pochette à douille, si désiré. Remplir les blancs d'œufs. Garnir. Laisser refroidir 30 minutes à 1 heure sous pellicule plastique avant de servir.

Suggestions
Le thon en conserve, le maquereau, un reste de saumon ou de truite peuvent être utilisés. L'aneth et le poivre rose peuvent être employés ici pour aromatiser ces œufs farcis.

Œufs farcis
au thon et poivron rôti

8 portions

8 œufs oméga-3 à la coque
2 c. à soupe (30 ml) de poivron rouge grillé dans l'huile
½ boîte (1,41 oz - 40 g) de thon blanc
1 c. à thé (5 ml) de pâte de tomate
1 à 2 c. à thé (5 à 10 ml) de raifort (facultatif)
1 petite gousse d'ail hachée
6 c. à soupe (100 ml) de mayonnaise
1 c. à thé (5 ml) de jus de citron
1 pincée de poivre de Cayenne
Persil haché

Refroidir les œufs après les avoir écalés. Éponger l'excédent d'huile du poivron grillé. Couper les œufs en deux et en retirer le jaune à l'aide d'une cuillère. Déposer les jaunes dans un robot culinaire avec tous les ingrédients. Rectifier l'assaisonnement. Ajouter un peu de lait écrémé ou d'eau si le mélange est trop épais. Déposer dans une pochette à douille. Remplir les blancs d'œufs. Garnir. Laisser refroidir 30 minutes à 1 heure sous pellicule plastique avant de servir.

Suggestions
Ces œufs farcis se préparent très bien la veille. Conservez le mélange de jaunes d'œufs dans un contenant hermétique de même que les blancs d'œufs évidés.

Œufs farcis à la chair de crabe et avocat

Œufs farcis au thon et poivron rôti

Pain sans farine
au fromage

4 à 6 portions

2 tasses (500 g) de farine d'amandes (amandes en poudre)
1 c. à soupe (15 ml) de poudre à pâte
½ tasse (125 g) de noix de Grenoble en poudre
½ c. à thé (2 ml) de sel de mer fin
2 œufs oméga-3
2 c. à soupe (30 ml) de beurre
¾ tasse (200 ml) de yogourt nature faible en gras
½ tasse (125 g) de fromage parmesan

Préchauffer le four à 350 °F (180 °C). Graisser un moule à pain de 8 po x 4 po (20 x 10 cm). Mélanger tous les ingrédients secs. Faire de même avec les œufs, le beurre et le yogourt. Combiner le tout en alternant le mélange d'ingrédients secs et le mélange d'ingrédients liquides. Verser dans le moule. Cuire environ 45 minutes. Le pain est prêt quand un cure-dents piqué au centre en ressort propre. Laisser refroidir avant de trancher. Griller les tranches de pain et servir avec la salade de pois chiches.

Salade aux noix
et pois chiches

4 à 6 portions

1 poivron rouge grillé en morceaux
1 courgette en morceaux
2 tasses (500 g) de pois chiches cuits
2 c. à thé (10 ml) de pâte de tomate
3 c. à soupe (50 ml) de noix de Grenoble hachées
¼ tasse (60 ml) d'huile de chanvre ou de canola
Cumin, coriandre, gingembre fraîchement moulu, zeste de lime et ail haché (½ c. à thé (2 ml) de chacun)
Sel et poivre fraîchement moulu
Graines de lin moulues (facultatif)

Mélanger tous les ingrédients. Laisser reposer 1 heure. Servir avec de la laitue pour garnir un sandwich. Conserver au réfrigérateur dans un contenant hermétique.

Suggestions

Vous aimerez déguster ce pain grillé ou non avec une sauce bien chaude de type sauce à spaghetti à la viande ou une béchamel relevée de saumon fumé.

Pain sans farine au fromage

et salade de noix et pois chiches

Burger
au saumon

4 portions
Galette de saumon

14 oz (400 g) de saumon
1 blanc d'œuf oméga-3
4 c. à soupe (60 ml) de farine de riz
2 c. à thé (10 ml) de zeste de lime
1 c. à thé (5 ml) de gingembre haché
2 c. à soupe (30 ml) d'oignons rouges hachés
2 c. à soupe (30 ml) de persil haché
½ c. à thé (2 ml) d'huile de canola et d'huile d'olive
1 pincée de poivre de Cayenne
4 pains kaiser au blé entier
Mayonnaise maison

Sauce à la lime (facultative)

Le jus de 2 limes
4 c. à soupe (60 ml) d'huile de canola
2 c. à soupe (30 ml) d'huile de noix
1 c. à thé (5 ml) de sauce soya
1 c. à thé (5 ml) de miel

Hacher le saumon grossièrement. Fouetter légèrement le blanc d'œuf. Mélanger tous les ingrédients. Former des galettes en utilisant 2 c. à soupe du mélange (faire de plus grosses galettes pour garnir des pains kaiser). Dans un poêlon antiadhésif, cuire les galettes de poisson dans le mélange d'huiles de 3 à 4 minutes de chaque côté, selon l'épaisseur. Badigeonner de sauce à la lime, si désiré. Déposer sur du papier absorbant pour en extraire l'excédent d'huile. Trancher les pains en deux et les napper de mayonnaise maison, si désiré. Agrémenter de légumes frais.

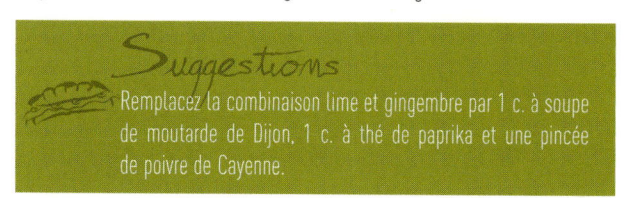

Suggestions
Remplacez la combinaison lime et gingembre par 1 c. à soupe de moutarde de Dijon, 1 c. à thé de paprika et une pincée de poivre de Cayenne.

Salade de poires
à la pomme grenade

4 portions

4 poires (Anjou, Bartlett)
Le jus d'un petit citron
2 c. à thé (10 ml) de fromage bleu (Stilton, danois)
8 c. à thé (40 ml) de fromage de chèvre crémeux à 6 % de gras
1 c. à thé (5 ml) de cognac (facultatif)
Grains de poivre noir concassés
12 cerneaux de noix de Grenoble
1 à 2 c. à soupe (15 à 30 ml) de lait 1 %
4 à 8 feuilles de laitue (Boston, Iceberg)

Vinaigrette à la pomme grenade

½ gousse de vanille
½ tasse (125 ml) de jus de pomme grenade
¼ tasse (60 ml) d'huile de noix
1 c. à thé (5 ml) d'huile de lin

Prélever le cœur des poires coupées en deux. Verser du jus de citron pour empêcher l'oxydation. Mélanger le fromage bleu, le fromage de chèvre et le cognac à la fourchette en additionnant du lait au besoin pour obtenir une belle onctuosité. Assaisonner. Couper les cerneaux de noix en quatre. Déposer le fromage au centre de chaque demi-poire. Garnir d'un morceau de noix. Recouvrir de pellicule plastique et conserver au réfrigérateur quelques heures. Servir avec des croûtons et la vinaigrette à la pomme grenade.

Gratter les graines de la gousse de vanille. Fouetter tous les ingrédients. Servir sur des poires ou des pommes tranchées ou macérer une salade de fruits frais. Conserver dans un contenant hermétique au réfrigérateur.

Burger

au saumon

Croque-madame
au saumon

2 portions

- 4 tranches de pain aux amandes
- 4 tranches de saumon fumé
- 4 c. à thé (5 ml) de moutarde de Dijon
- ½ tasse (125 g) de fromage mozzarella écrémé
- Huile d'olive en vaporisateur

Sauce béchamel
Roux

- 1 c. à soupe (15 ml) de margarine non hydrogénée ou d'huile de canola
- 1 c. à soupe (15 ml) de farine non blanchie
- ¾ tasse (180 ml) de lait 1 %
- 1 pincée de noix de muscade
- Sel et poivre

Garnitures (au choix)

- 2 c. à soupe (30 ml) d'olives noires tranchées
- 1 c. à soupe (15 ml) de câpres
- 2 rondelles d'oignon grillées
- 1 c. à thé (5 ml) d'aneth ciselé
- 24 bébés épinards
- 6 à 8 asperges cuites

Pour la béchamel, mélanger la margarine ou l'huile avec la farine. Dans une casserole, verser le lait et chauffer jusqu'à frémissement. Ajouter le roux (mélange de farine et de beurre ou d'huile) et cuire à feu moyen-élevé tout en continuant de fouetter jusqu'à épaississement. Assaisonner. Retirer du feu. Sous le gril, cuire les tranches de pain aux amandes, vaporisées d'huile d'olive. Préparer le croque-madame en ajoutant le saumon fumé, la moutarde et les garnitures au choix. Napper le sandwich de sauce chaude. Saupoudrer du fromage mozzarella râpé. Griller au four de 4 à 5 minutes à 400 °F (205 °C) sur une plaque à cuisson. Servir chaud.

Sandwich
au thon grillé

2 portions

- 6 oignons verts hachés
- 1 à 2 c. à thé (5 à 10 ml) d'huile de canola
- ¼ c. à thé (1 ml) de sauce Mirin
- 3,53 oz (100 g) de thon rouge
- ¼ à ½ c. à thé (1 à 2 ml) de sauce soya légère
- 1 à 2 c. à thé (5 à 10 ml) de vermouth ou de vin blanc (facultatif)
- ¼ c. à thé (1 ml) de zeste de citron
- Huile de canola

Garniture

- 4 rondelles de poivron rouge
- 1 brin de coriandre
- 3 à 4 feuilles d'épinards ou de laitue romaine

Chauffer l'huile à feu moyen. Dorer les oignons verts tranchés. Verser la sauce Mirin. Remuer. Réduire le feu et cuire environ 10 minutes. Déposer sur du papier essuie-tout. Badigeonner le thon de sauce soya. Parsemer un côté de zeste de citron. Griller le poisson entier dans l'huile de canola. Servir avec les oignons caramélisés. Garnir de tranches de poivron, de coriandre et d'épinards ou de laitue.

Croque-madame

au saumon

Lunchs et salades   119

Soupes et potages

Dégustez une variété de douceurs...

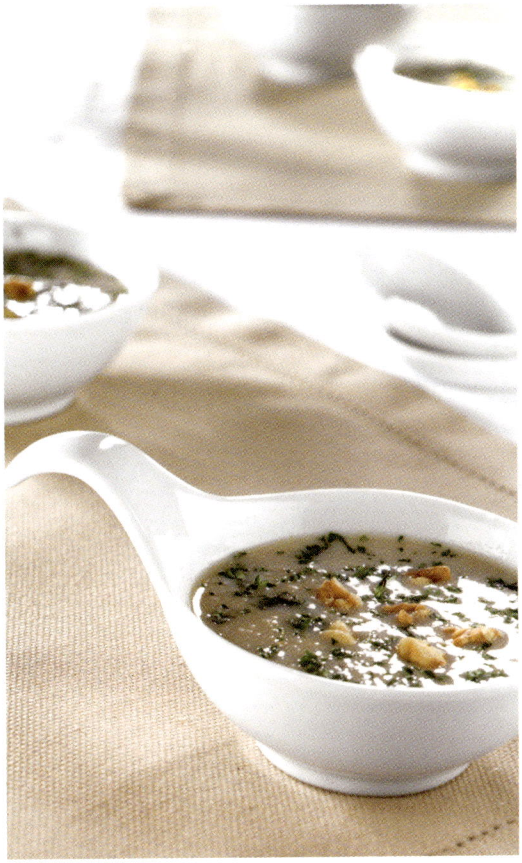

Bouillons
et bases de bouillon

Pour le fond de moules

1 tasse (250 ml) d'eau filtrée
½ tasse (125 ml) de vin blanc sec
1 petite échalote française émincée
2 branches de céleri
Quelques brins de persil
1 brin de thym
3 lb (1,35 kg) de moules nettoyées
Poivre noir fraîchement moulu

Amener l'eau et tous les ingrédients à ébullition. Ajouter les moules et laisser bouillir de 3 à 4 minutes à couvert ou jusqu'à ce qu'elles s'ouvrent. Jeter celles qui ne se sont pas ouvertes. Retirer les moules (on peut les consommer ou s'en servir dans une recette). Laisser reposer le bouillon hors du feu 5 minutes avant de l'utiliser. Filtrer avec soin.

Fumet de poisson régulier

2 lb (1 kg) d'arêtes de poissons blancs (morue, **bar, flétan, espadon**)
⅓ tasse (80 g) de légumes variés hachés fin (oignon, blanc de poireau, feuille de fenouil, aneth, céleri-rave)
1 gousse d'ail (facultatif)
1 oz (28 g) de champignons de Paris en morceaux (facultatif)
2 c. à soupe (30 ml) d'huile de canola
1 c. à soupe (15 ml) de beurre
5 tasses (1,2 l) d'eau filtrée
½ tasse (125 ml) de vin blanc sec (facultatif) *
Sel de mer
Poivre noir fraîchement moulu

Laver les os de poisson et les carcasses. Dans un faitout, faire suer les légumes dans l'huile et le beurre quelques minutes. Ajouter les os de poisson, l'eau et le vin. Laisser mijoter une vingtaine de minutes en écumant de temps en temps. Laisser reposer 5 minutes hors du feu. Passer au tamis avant l'utilisation.

 * Il est préférable d'omettre le vin si on ajoute du lait à la place de la crème de cuisson pour lier les soupes et potages. Augmenter la quantité d'eau dans la préparation de ce fumet.

Fumet de poisson oméga-3 +

12 ½ tasses (3 l) d'eau filtrée
17,65 oz (500 g) d'arêtes et de têtes de poissons gras (thon, saumon, maquereau, truite, bar)
1 vert de poireau
1 oignon espagnol (ou 2 gros oignons jaunes)
4 gousses d'ail
1 branche de fenouil
1 brin de thym
1 feuille de laurier
Sel de mer (gros)

Porter tous les ingrédients à ébullition et réduire le feu. Laisser mijoter à couvert 20 minutes. Écumer et écraser les ingrédients solides. Laisser mijoter encore 10 minutes puis filtrer en pressant. Conserver la quantité nécessaire (environ ¾ tasse par portion) sur la cuisinière, à feu doux, et congeler le reste dans des bocaux en prenant soin d'y inscrire le contenu et la date de préparation.

Bouillons

et bases de bouillon

Soupe de poisson
à la provençale

4 à 6 portions

1 lb (450 g) de maquereau
16 oz (240 g) de chair de crabe
4 blancs de poireau
2 oignons jaunes moyens hachés
8 gousses d'ail hachées
1 c. à soupe (15 ml) d'huile de canola
1 c. à soupe (15 ml) d'huile d'olive
4 tasses (1 kg) de tomates en dés
1 c. à thé (5 ml) de pistils de safran
1 c. à soupe (15 ml) de zeste d'orange
2 tasses (500 ml) de fumet de poisson
2 c. à soupe (30 ml) d'un mélange d'herbes sèches (basilic, thym, sarriette et origan)
2 c. à soupe (30 ml) de graines de fenouil broyées ou 2 à 3 c. à soupe (30 à 50 ml) de liqueur d'anis (pastis)

Couper le poisson et la chair de crabe en morceaux. La chair de crabe doit être à la température de la pièce. Faire suer les poireaux, les oignons hachés et l'ail dans l'huile en remuant. Ajouter les tomates, le safran et le zeste d'orange. Cuire 5 à 10 minutes. Assaisonner. Verser le fumet et augmenter le feu. Ajouter les herbes sèches et les graines de fenouil (enveloppées dans une gaze) ou la liqueur d'anis. Laisser mijoter une dizaine de minutes à découvert. Ajouter les morceaux de poisson et la chair de crabe. Cuire quelques minutes. Servir le poisson et la chair de crabe avec délicatesse dans chaque bol, puis verser le bouillon chaud.

Crème au melon
et aux carottes

4 à 6 portions

4 c. à soupe (60 ml) de lait de beurre écrémé (1 % de gras)
2 tasses (500 g) de melon canari
4 carottes moyennes
1 petite échalote française hachée
4 oignons verts hachés
1 c. à soupe (15 ml) d'huile de chanvre ou de canola
3 tasses (750 ml) de bouillon de légumes ou de poulet
Pincée de macis ou de muscade
2 c. à soupe (30 ml) de persil haché
4 c. à soupe (60 ml) de graines de chanvre décortiquées

Sortir le lait de beurre du réfrigérateur 1 heure à l'avance. Couper le melon en morceaux et les carottes en rondelles. Dans une casserole, faire revenir l'échalote et les oignons verts dans l'huile. Verser le bouillon. Porter à ébullition. Ajouter les carottes. Laisser mijoter 10 minutes à feu doux. Ajouter les morceaux de melon, le macis et le persil. Laisser mijoter encore 10 minutes. Réduire le tout dans un mélangeur. Ajouter le lait de beurre. Assaisonner. Servir chaud ou froid avec un filet d'huile de chanvre ou de canola. Saupoudrer de graines de chanvre, au goût.

Soupe de poisson
à la provençale

Potage Oméga-3+
tomate et poivron grillé

4 portions

2 poivrons rouges grillés
1 échalote française
½ c. à thé (2 ml) d'ail
1 c. à thé (5 ml) d'huile d'olive
3 grosses tomates
1 tasse (250 ml) de bouillon de légumes
1 ½ à 2 tasses (375 ml - 500 ml) de fumet de poisson gras blanc
1 c. à soupe (15 ml) de persil haché
Sel et poivre noir
Huiles de canola et de chanvre
Graines de chanvre

Faire griller les poivrons au four. Laisser refroidir et trancher en morceaux. Couper l'échalote. Hacher l'ail dégermé. Faire revenir l'échalote dans l'huile d'olive pour l'attendrir. Trancher les tomates. Chauffer le bouillon et le fumet de poisson dans un faitout jusqu'à ébullition. Incorporer tous les ingrédients. Réduire le feu à moyen-doux et laisser mijoter de 10 à 15 minutes. Réduire dans un mélangeur. Ajouter du bouillon ou de l'eau si la consistance est trop épaisse. Rectifier l'assaisonnement. Servir avec un petit filet d'huile riche en oméga-3, soit de canola ou de chanvre et saupoudrer de graines de chanvre au goût.

Velouté de saumon
safrané aux moules

4 portions

½ tasse (125 ml) de lait 1 %
4 à 5 pistils de safran
1 gros oignon
1 ½ tasse (375 ml) d'eau filtrée
1 lb (450 g) de moules nettoyées
Brins de persil
1 tasse de feuilles de céleri
3 tasses (750 ml) de fumet de poisson gras
2 blancs de poireau
8 champignons de Paris
1 c. à soupe (15 ml) d'huile de canola
1 c. à soupe (15 ml) d'huile d'olive
5,28 oz (150 g) de saumon coupé en cubes
2 c. à soupe (30 ml) de fécule de maïs + 1 c. à soupe (15 ml) d'huile d'olive
Sel et mélange de 3 poivres fraîchement moulus

Chauffer le lait avec le safran jusqu'à ce qu'il soit coloré et parfumé. Réserver. Trancher l'oignon en quatre. À feu doux dans l'eau, cuire les moules à couvert avec l'oignon, le persil et les feuilles de céleri. Conserver le jus de cuisson et enlever les moules non ouvertes. Retirer les moules des coquilles et réserver. Filtrer l'eau de cuisson. L'ajouter au fumet de poisson et verser le lait safrané. Chauffer et remuer de temps à autre. Trancher finement le poireau et les champignons et les faire suer dans l'huile de canola de 3 à 4 minutes à feu doux. Ajouter un peu d'huile d'olive et faire sauter les cubes de saumon environ 2 minutes. Mélanger la fécule de maïs avec l'huile d'olive. Cuire ce mélange en mouillant avec le fumet très chaud (presque bouillant). Remuer. Assaisonner d'un mélange de 3 poivres et rectifier le sel. Incorporer le saumon, les légumes et les moules au bouillon. Mélanger et servir avec du persil frais.

Potage Oméga-3+

tomate et poivron grillé

Crème de lentilles
style cuisine indienne

4 à 6 portions

- 5 tasses (1,2 l) de bouillon de poulet
- 2 c. à soupe (30 ml) de pâte de curry douce préparée
- 1 tranche de saumon fumé haché
- 1 tasse (250 g) de lentilles rouges
- 3 grosses tomates en morceaux ou
- 1 ½ tasse (375 g) de tomates broyées en conserve
- 2 tasses (500 g) de légumes en dés (chou-fleur, courgettes, carottes, oignon)
- 1 c. à soupe (15 ml) d'huile de chanvre
- Brins de coriandre ou de persil plat

Accompagnement

Pain Nann (pain plat d'origine indienne, à pâte levée, dont le levain est souvent fait à partir de lait caillé ou de yogourt) ou pain pappadums (pains indiens très minces à base de farine de lentilles).

Chauffer le bouillon. Ajouter la pâte de curry, le saumon fumé, puis les lentilles et les légumes. Laisser mijoter les lentilles avec les légumes jusqu'à tendreté, soit environ 15 à 20 minutes. Retirer du feu. Ajouter l'huile de chanvre. Servir avec des brins de coriandre ou du persil plat haché et les accompagnements.

Suggestions

Il faut utiliser l'huile de lin avec parcimonie. Son goût étant plus prononcé, il est conseillé d'y aller doucement, quelques gouttes à la fois, dans un mélange d'huiles. Goûtez entre les additions. Elle ne doit pas être chauffée. À conserver au réfrigérateur dans un contenant hermétique.

Soupe
aux 2 poissons et à l'anis étoilé

4 portions

- 7,94 oz (225 g) d'une combinaison de poissons cuits (maquereau et saumon/truite et morue)
- 3 tasses (750 ml) de bouillon de poulet
- 1 anis étoilé
- 4 oignons verts
- 2 minis bok choy
- 1 carotte
- 2 c. à soupe (30 ml) de pousses de bambou
- 4 minis épis de maïs
- 1 c. à soupe (15 ml) d'huile de canola
- 1 gousse d'ail
- 1 à 2 c. à thé (5 à 10 ml) de sauce mirin
- 4 portions de nouilles de sarrasin (soba)

Marinade

3 c. à thé (15 ml) de sauce soya, 1 c. à thé (5 ml) de miel, 3 c. à thé (15 ml) de zeste de citron et 3 c. à soupe (50 ml) d'un mélange d'huiles (par exemple : ¼ c. à thé (1 ml) d'huile de lin, 2 c. à soupe (30 ml) d'huile de canola et 1 ¾ c. à thé (8 ml) d'huile de chanvre).

Couper le poisson en bouchées. Mariner 30 minutes à 1 heure à l'avance. Chauffer le bouillon avec l'anis étoilé. Trancher les légumes en lanières. Les faire sauter quelques minutes dans l'huile de canola avec la gousse d'ail hachée. Verser la sauce mirin en fin de cuisson. Déposer les légumes dans les bols. Cuire les nouilles dans le bouillon. Quand elles sont cuites, les transférer dans les bols. Réchauffer le poisson environ 5 minutes dans le bouillon. Compléter la soupe en distribuant le bouillon très chaud, des portions de poisson et de légumes à l'aide d'une louche.

Crème de lentilles

style cuisine indienne

Soupe automnale
au thon et quinoa (sans gluten)

4 à 5 portions

5 tasses (1,2 l) de fumet de poisson gras
1 feuille de laurier
1 c. à thé (5 ml) de gingembre frais haché
½ tasse (125 g) de quinoa
1 oignon
1 gousse d'ail
2 c. à soupe (30 ml) d'huile de canola
1 filet (300 g) de thon
1 c. à thé (5 ml) de saké ou de vin blanc sec
¼ tasse (60 g) de sarrasin vert
1 carotte moyenne
1 courge musquée
1 poivron rouge ou jaune
4 à 5 feuilles de laitue chinoise
2 c. à soupe de pâte de miso
1 tasse (250 ml) de thé vert Sencha
½ c. à thé (2 ml) de coriandre moulue
Sel et poivre noir fraîchement moulu

Mélange de graines épicées aux huiles

4 c. à soupe (60 ml) d'un mélange de graines (tournesol, chanvre, lin moulues, citrouille)
¼ tasse (60 ml) d'huiles de chanvre, de canola et une petite quantité d'huile de lin
½ petit piment fort ou une pincée de piment chili en poudre ou de la pâte de Chili

Préparer la veille ou quelques jours à l'avance le mélange de graines épicées comme suit : moudre grossièrement et laisser macérer dans un bol de verre pas trop profond en versant les huiles. Aromatiser avec du piment fort.

Chauffer le fumet à feu moyen avec la feuille de laurier et le gingembre. Cuire le quinoa. Écumer au besoin. Trancher l'oignon et l'ail. Les faire revenir dans 1 c. à soupe d'huile de canola. Ajouter le thon. Faire sauter quelques minutes. Arroser de vin. Assaisonner. Réserver. Couper les légumes en cubes et les ajouter au fumet, en réservant les morceaux de laitue chinoise pour la fin de la cuisson. Laisser mijoter à feu moyen 15 minutes. Transférer le poisson et la laitue chinoise dans le chaudron avec les légumes lorsque ceux-ci sont tendres. Délayer la pâte de miso directement dans le chaudron. Verser le thé. Mélanger. Assaisonner de coriandre moulue. Laisser mijoter encore 5 minutes. Servir bien chaud avec une cuillérée du mélange de graines épicées aux huiles.

Suggestions

Préparez une plus grande quantité du mélange de graines que vous conserverez dans un contenant hermétique à l'abri de la chaleur et de la lumière pour préserver le contenu en oméga-3 des graines de lin moulues et de chanvre. Veillez à bien couvrir d'huile les graines.

Soupe automnale
au thon et quinoa (sans gluten)

Potage santé
au maquereau

4 portions

7,06 oz (200 g) de maquereau	1 à 2 c. à soupe (15 à 30 ml) de vin blanc sec
1 carotte moyenne	4 tasses (1l) de fumet de poisson ou de bouillon de légumes
2 pommes de terre moyennes	2 gros jaunes d'œufs oméga-3
1 échalote grise	¼ tasse (60 g) de fromage gruyère râpé (facultatif)
1 blanc de poireau	1 c. à soupe (15 ml) de persil haché
1 branche de céleri	Poivre rose
2 c. à thé (10 ml) d'huile de canola	Sel de mer

Nettoyer le poisson. Le couper en morceaux. Râper la carotte et les pommes de terre. Hacher l'échalote, le poireau et le céleri et les transférer dans un faitout pour les faire revenir dans de l'huile de canola. Ajouter la carotte râpée, les pommes de terre et le poisson. Mouiller au vin. Recouvrir du fumet de poisson ou du bouillon de légumes. Laisser mijoter à couvert environ 20 à 30 minutes. Prélever les morceaux de poisson et les déposer dans les bols avant de réduire le tout dans un mélangeur. Délayer les jaunes d'œufs dans un bol avec quelques cuillérées de bouillon chaud. Lier la soupe. Rectifier l'assaisonnement. Garnir de fromage râpé et de persil, au goût.

Soupe wonton
aux poissons

8 portions

30 feuilles de pâte style wonton

Farce à raviolis wonton

3,53 oz (100 g) de saumon cuit
3,53 oz (100 g) de maquereau cuit
3,53 oz (100 g) de crevettes cuites
3 œufs oméga-3
¼ c. à thé (1 ml) de petit piment rouge haché ou quelques gouttes de Tabasco
1 gousse d'ail hachée
2 c. à soupe (30 ml) de basilic (thaï)
1 c. à soupe (15 ml) de gingembre fraîchement râpé

Bouillon

6 tasses (1,4 l) de bouillon de poulet bio, 2 c. à soupe (30 ml) de sauce soya légère, 2 c. à soupe (30 ml) de jus de lime (facultatif), 1 c. à soupe (15 ml) de pelure de lime, ¼ tasse (60 ml) de vin chinois ou de sherry et 1 c. à thé (5 ml) de gingembre fraîchement râpé (facultatif)

Garniture

Jus de lime, tranches de lime, feuilles de coriandre, gingembre frais

Déposer les ingrédients de la farce des raviolis dans un robot culinaire. Bien mélanger. Former de petites boulettes avec environ 1 c. à thé de ce mélange et en farcir les pâtes à wonton. Chauffer le bouillon avec la sauce soya, le jus et la pelure de lime, le vin et le gingembre. Remuer. Déposer la moitié des raviolis dans le bouillon et cuire à couvert 5 minutes environ. Les retirer à l'aide d'une louche. Réserver dans une assiette. Cuire l'autre moitié. Disposer la quantité voulue de pâtes farcies dans les bols et verser le bouillon très chaud dessus. Ajouter un trait de jus de lime, si désiré. Garnir avec de la coriandre, des rondelles de lime ou du gingembre frais.

Potage santé
Soupes et potages

au maquereau

Soupe
du pêcheur

4 portions

1 lb (450 g) de moules nettoyées
1 tasse (250 ml) d'eau filtrée
2 tasses (500 ml) de vin blanc sec
1 blanc de poireau haché
2 c. à soupe (30 ml) d'huile de canola
1 grosse boîte (240 oz - 800 ml) de tomates entières
1 petite pelure de citron
1/4 lb (125 g) de petits pétoncles
1/4 lb (125 g) de crevettes décortiquées
1/4 lb (125 g) de maquereau
Herbes fraîches (aneth, ciboulette, estragon)
Fromage râpé faible en gras (chèvre, cheddar, emmenthal)

Faire bouillir les moules dans l'eau et le vin jusqu'à ce qu'elles soient ouvertes (de 3 à 4 minutes). Égoutter, jeter les moules qui ne se sont pas ouvertes et réserver le bouillon. Retirer les moules des coquilles. Réserver. Faire suer le poireau dans l'huile de canola. Incorporer les tomates et la pelure de citron. Mouiller avec la moitié du bouillon. Réduire le feu et laisser mijoter 8 minutes. Retirer la pelure de citron. Réduire en purée. Transférer dans un faitout. Ajouter le reste du bouillon. Assaisonner. Trancher les pétoncles (s'ils sont gros). Ajouter le poisson tranché, les crevettes et les moules. Laisser mijoter 5 minutes. Parsemer d'herbes fraîches et de fromage râpé au moment de servir.

Suggestions
Le maquereau peut être remplacé par des sardines ou du thon.

Soupe de pétoncles
aux légumes

4 portions

8 gros pétoncles
8 grosses crevettes
1 carotte moyenne
1 blanc de poireau
1 branche de céleri
1 c. à soupe (15 ml) d'huile de canola
1 c. à soupe (15 ml) d'huile d'olive extra vierge
1 tasse (250 ml) de fond de moules
1 tasse (250 ml) de fumet de poisson
1 tasse (250 ml) de bouillon de légumes ou de poulet
1 c. à soupe (15 ml) de vermouth blanc
Sel et poivre fraîchement moulu
Brins de ciboulette ciselés

Rincer et essuyer les pétoncles et les crevettes. Saler et poivrer. Couper les légumes en julienne et les faire suer quelques minutes dans un mélange d'huiles de canola et d'olive. Ajouter le fond de moules et le fumet de poisson au bouillon de légumes et porter à ébullition. Réduire le feu. Laisser mijoter 3 minutes avant d'y ajouter les pétoncles et les crevettes. Cuire environ 3 minutes. Trop cuire risque de les faire durcir et sécher. Mouiller de vermouth. Assaisonner au goût et verser l'huile de canola en filet. Servir immédiatement.

Soupe

du pêcheur

Potage
aux noix de Grenoble

4 à 6 portions

5 tasses (1 l) d'eau filtrée
2 cubes de bouillon de légumes ou de poulet bio
3 grosses pommes (Lobo, Cortland)
1 céleri-rave moyen
2 blancs de poireau
½ c. à thé (2 ml) de gingembre haché fin
¼ c. à thé (1 ml) d'ail grillé
½ tasse (125 ml) de lait 1 %
½ tasse (125 g) de noix de Grenoble
Sel et poivre fraîchement moulu
2 à 3 noix de Grenoble supplémentaires
4 c. à thé (20 ml) d'huile de noix
Persil et estragon frais hachés

Porter l'eau à ébullition et y ajouter les cubes de bouillon. Couper les pommes et le céleri-rave en cubes et les blancs de poireau en tronçons de 1 po (3 cm). Les faire cuire à feu doux dans le bouillon 15 minutes. Ajouter le gingembre et l'ail grillé. Laisser mijoter 5 minutes ou jusqu'à ce qu'ils soient tendres. Réduire le tout dans un mélangeur en versant le lait et les noix. Passer le tout au tamis. Presser pour obtenir le plus de liquide possible. Ajouter de l'eau ou du lait selon la consistance désirée. Servir avec un filet d'huile de noix, quelques noix de Grenoble hachées ainsi que du persil et de l'estragon frais, si désiré.

Potage express
au tofu et crevettes

4 à 5 portions

4 portions de nouilles cellophane (de riz)
2 tasses (500 ml) de fumet de poisson gras
2 tasses (500 ml) de bouillon de poulet
1 tasse (250 g) d'un mélange de légumes (brocoli, chou-fleur, carottes)
1 gousse d'ail hachée
Gingembre frais (au goût)
1 c. à thé (5 ml) de citronnelle râpée
2 gros œufs oméga-3
1 morceau (300 g) de tofu soyeux
½ tasse (125 g) de crevettes cuites
2 oignons verts tranchés
Sauce soya légère
Graines de lin moulues

Tremper les nouilles dans l'eau très chaude. Les égoutter quand elles sont bien tendres. Réserver. Porter à ébullition le fumet et le bouillon dans un faitout. Ajouter les légumes, l'ail, le gingembre et la citronnelle. Réduire le feu et laisser mijoter à couvert 15 minutes. Fouetter les œufs dans un bol. Ajouter quelques cuillérées de bouillon chaud. Lier la soupe. Rectifier l'assaisonnement. Ajouter le tofu et les crevettes. Laisser mijoter encore 5 minutes à feu doux. Déposer les nouilles au fond de chaque bol. Verser une louche de bouillon et parsemer d'oignons verts. Offrir de la sauce soya et des graines de lin moulues au moment de servir.

Suggestions

On trouve de la citronnelle râpée congelée dans les épiceries orientales. À défaut, la remplacer par une pincée de zeste de citron finement râpé.

Potage

aux noix de Grenoble

Crème de carottes
à l'ananas

8 portions

2 rondelles d'ananas grillées	1 pincée de muscade
2 ½ tasses (625 ml) d'eau filtrée	2 tasses de carottes et de panais en dés (mélangés)
½ tasse (125 ml) de jus d'ananas	1 tasse (250 g) de céleri-rave en dés
1 cube de bouillon de légumes bio	1 tasse (250 g) de navet en dés
4 oignons verts hachés	¼ tasse (125 g) de noix de Grenoble hachées
1 c. à soupe (15 ml) d'huile de soya	1 c. à thé (5 ml) de fécule de maïs
¼ c. à thé (1 ml) de coriandre moulue	¼ tasse (60 g) de graines de chanvre moulues (facultatif)
¼ c. à thé (1 ml) de poivre noir moulu	½ tasse (125 ml) de lait 1 %
¼ c. à thé (1 ml) de gingembre moulu	2 c. à soupe (30 ml) de persil plat haché
½ c. à thé (2 ml) de curcuma	2 c. à soupe (30 ml) d'huile de noix

Garniture : Ananas grillé

Faire griller les rondelles d'ananas sur un gril antiadhésif. Réserver. À feu doux, faire bouillir l'eau et le jus d'ananas dans une marmite. Ajouter le cube de bouillon de légumes. Remuer. Dans un grand poêlon, faire suer les oignons verts à feu moyen dans l'huile de soya. Ajouter les épices pour que se développent les arômes. Remuer 3 à 4 minutes. Incorporer au bouillon les légumes, la moitié des noix de Grenoble et la fécule de maïs.

Poursuivre la cuisson à couvert environ 15 minutes, à feu doux. Laisser mijoter jusqu'à tendreté des légumes. Ajouter les graines de chanvre, si désiré. Réduire au mélangeur. Ajouter le lait (une moitié de lait ou de bouillon pour chaque tasse de crème de légumes) avec le mélange réduit en une fine purée. Garnir chaque bol d'ananas grillé et parsemer de l'autre moitié de noix de Grenoble hachées, de persil plat et d'un filet d'huile de noix.

Soupe de poisson blanc
à la menthe

4 à 5 portions

3,53 oz (100 g) de nouilles orientales
8,81 oz (250 g) de poisson blanc (bar, flétan)
3 champignons shiitake
2 tasses (500 ml) de bouillon de légumes
2 tasses (500 ml) de fumet de poisson
1 c. à thé (5 ml) de citronnelle râpée
3 à 4 c. à soupe (50 à 60 ml) de menthe hachée
3 c. à soupe (50 ml) de sauce soya légère
1 c. à soupe (15 ml) de jus de citron frais
8,81 oz (250 g) de crevettes crues
Sauce chili orientale
Jus de citron

Cuire les nouilles dans l'eau bouillante. Réserver. Tailler le poisson et les champignons en morceaux. Chauffer le bouillon et le fumet. Ajouter la citronnelle et environ 3 c. à soupe de menthe hachée. Laisser mijoter 5 minutes. Ajouter la sauce soya, le jus de citron, les champignons, le poisson et les crevettes. Laisser mijoter encore 5 minutes. Mettre les nouilles au fond des bols. Déposer le poisson et les crevettes à l'aide d'une louche. Verser le bouillon. Garnir de menthe fraîche. Accompagner de sauce chili orientale et de jus de citron.

Crème de carottes

à l'ananas

Chaudrée de saumon
et fruits de mer

4 portions

10 palourdes moyennes	1 l (450 g) de saumon en dés (2 cm d'épaisseur)
2 tasses (500 ml) d'eau filtrée	3 c. à soupe (50 ml) de persil plat haché
2 poireaux émincés	1 tasse (250 ml) de lait 1 %
2 branches de céleri émincées	1 c. à thé (5 ml) de fécule de maïs
1 c. à soupe (15 ml) d'huile de canola	1 c. à soupe (15 ml) d'un mélange d'huiles (canola, lin, chanvre)
3 à 4 pommes de terre en dés (moyennes)	Sel et poivre fraîchement moulu
1 tranche de truite fumée	Croûtons à l'ail

Faire bouillir les palourdes à couvert dans 2 tasses d'eau pendant 3 à 4 minutes ou jusqu'à ce qu'elles soient ouvertes. Jeter celles qui ne le sont pas. Retirer les palourdes des coquilles et réserver. Conserver le liquide de cuisson. Dans un grand poêlon, faire revenir les poireaux et le céleri. Suer 5 minutes dans l'huile de canola. Verser le liquide de cuisson des palourdes et amener à ébullition. Incorporer les pommes de terre et la tranche de truite fumée. Couvrir et réduire le feu. Laisser mijoter jusqu'à ce que les pommes de terre soient tendres, environ 20 minutes. Ajouter le saumon en dés, le persil et le lait mélangé avec la fécule. Assaisonner. Laisser mijoter encore 5 minutes. Retirer du feu. Ajouter les palourdes. Verser le mélange d'huiles en minces filets sur chaque portion. Servir avec des croûtons à l'ail.

Suggestions

Pour le mélange d'huiles, mélangez une moitié d'huile de canola bio, ajoutez une moitié d'huile de chanvre et 1 c. à thé d'huile de lin (ou moins selon vos goûts). Mélangez et transvasez dans une bouteille opaque, si possible. Conservez au réfrigérateur pour vos usages quotidiens.

Crème de cresson
aux poires

4 portions

1 tasse (100 g) d'épinards
1 petite botte de cresson
3 poires moyennes pelées
1 échalote française hachée
1 c. à thé (5 ml) d'huile de canola
2 tasses (500 ml) d'eau filtrée
1 cube de bouillon de légumes ou de poulet bio
1 pincée de thym
1 pincée d'estragon
1 tasse (250 ml) de lait 1 %
4 c. à thé (20 ml) de fromage bleu (Stilton, Danois)
Sel et poivre fraîchement moulu

Garniture

1 tranche de saumon fumé et feuilles de cresson

Utiliser les épinards et couper la moitié des tiges de cresson. Réserver du cresson pour la garniture. Peler et couper les légumes et les poires en morceaux. Faire revenir l'échalote dans l'huile de canola. Ajouter les épinards et le cresson pour les attendrir 2 minutes en brassant. Réserver. Porter l'eau à ébullition. Ajouter le cube de bouillon. Réduire le feu. Cuire les poires, le brin de thym et l'estragon et laisser mijoter de 15 à 20 minutes. Ajouter le lait et le fromage en fin de cuisson. Réduire le tout dans un mélangeur avec les légumes réservés. Assaisonner. Couper le saumon fumé en lanières. Garnir avec le saumon fumé et du cresson, au goût.

Chaudrée de saumon

et fruits de mer

Soupes et potages 141

Soupe mixte
aux légumes et nouilles

4 portions

1 oignon moyen
1 tasse (250 g) de tomates cerises
1 brin de thym ou de romarin
1 c. à soupe (15 ml) d'huile de chanvre
3 tasses (750 ml) de bouillon de légumes
1 tasse (250 ml) de jus de tomate ou de légumes
4 à 5 pistils de safran
1 feuille de laurier
4,23 oz (120 g) de poisson au choix (turbot, saumon, thon, espadon)
2 tasses (500 g) de légumes racines variés (carottes, rutabaga, navet, rabiole, patate douce)
½ tasse (125 g) de pâte alimentaire (coquilles)
Sel et poivre noir fraîchement moulu

Couper l'oignon en fines rondelles. Le faire caraméliser avec les tomates cerises et le brin de thym ou de romarin dans l'huile de chanvre chaude mais non fumante. Assaisonner. Retirer le brin de thym ou de romarin et réserver. Mélanger le jus de tomate ou de légumes avec le bouillon. Chauffer à feu moyen. Ajouter les pistils de safran et la feuille de laurier. Laisser mijoter. Tailler le poisson en petits cubes. Saler et poivrer. Réserver. Ajouter les légumes en premier dans le bouillon et par la suite les nouilles. Laisser mijoter environ 10 à 15 minutes selon les pâtes choisies. Ajouter ensuite les morceaux de poisson dans le bouillon. Laisser mijoter 5 à 8 minutes. Rectifier l'assaisonnement. Servir la soupe avec une bonne cuillerée de légumes caramélisés et un filet d'huile riche en oméga-3.

Velouté d'asperges
au poisson fumé

4 portions

½ tasse (125 ml) de lait 1 %
1 botte d'asperges blanches
4 c. à thé (20 ml) de fromage de chèvre (6 % de gras)
1 c. à soupe (15 ml) d'herbes fraîches (persil, cerfeuil)
1 panais
1 blanc de poireau
1 c. à soupe (15 ml) d'huile de canola
2 tasses (500 ml) de fumet de poisson ou bouillon de légumes
1 écorce de citron d'un demi-pouce (2 cm)
0,70 oz (20 g) de truite fumée
Sel et poivre
Huile de noix (facultatif)
Croûtons

Sortir le lait du réfrigérateur 1 heure à l'avance. Éplucher grossièrement les asperges (si les tiges sont trop fibreuses). Mélanger le fromage de chèvre avec les herbes. Réserver. Rincer les légumes et les couper en morceaux. Faire revenir le blanc de poireau dans l'huile de canola. Chauffer le bouillon jusqu'à ce qu'il commence à frémir. Réduire le feu. Ajouter les asperges et le panais avec un morceau d'écorce de citron. Laisser mijoter jusqu'à tendreté. Incorporer le poireau et la truite fumée 5 minutes avant la fin de la cuisson. Retirer l'écorce de citron et réduire le tout dans un mélangeur. Rectifier l'assaisonnement. Ajouter le lait. Parsemer du mélange de fromage de chèvre et d'herbes. Servir avec quelques gouttes d'huile de noix et des croûtons, si désiré.

Soupe mixte

aux légumes et nouilles

Accompagnements

Ajoutez la santé, même pour compléter !

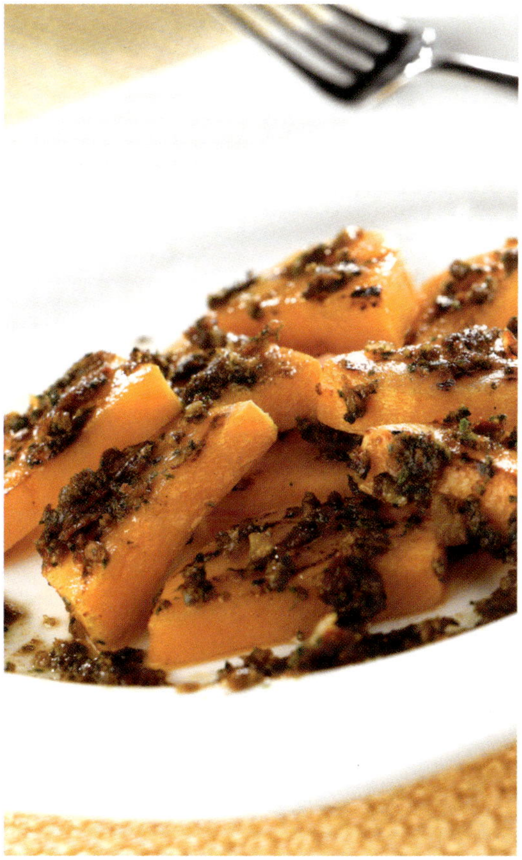

Figues farcies
aux noix

4 portions

4 grosses figues fraîches
2 oignons verts
1 petit brin de thym
1/3 tasse (80 g) de noix de Grenoble hachées
1 c. à soupe (15 ml) de vin Marsala
1 c. à thé (5 ml) de beurre + 2 c. à thé d'huile d'olive
Sel et poivre noir fraîchement moulu
4 brins de ciboulette

Tout en gardant une base, ouvrir les figues en quatre jusqu'à la tige. Extraire la chair des figues et conserver la pelure. Hacher finement les oignons verts. Les faire sauter dans le mélange d'huile et de beurre à feu doux avec le brin de thym jusqu'à ce qu'ils aient ramolli mais pas bruni. Retirer le thym. Ajouter la chair des figues et les noix. Cuire 3 à 4 minutes. Ajouter le vin Marsala et brasser. Farcir les pelures. Attacher chaque figue avec un brin de ciboulette, si désiré. Servir en accompagnement.

Asperges grillées
au chèvre et aux noix

Asperges

11,2 oz (325 g) d'asperges
1 c. à soupe (15 ml) de noix de Grenoble hachées
2 c. à soupe (30 ml) de fromage de chèvre 6 % de gras
2 c. à soupe (30 ml) de fromage feta de lait de brebis
1 c. à thé (5 ml) de graines de lin moulues
Fleur de sel
Poivre noir fraîchement moulu

Vinaigrette

1 c. à soupe (15 ml) de vinaigre balsamique
4 c. à soupe (60 ml) d'huile d'olive
1 c. à thé (5 ml) d'huile de noix
1 c. à soupe (15 ml) d'estragon ciselé

Préparer la vinaigrette. Réserver. Plonger les asperges 1 minute dans de l'eau bouillante salée. Refroidir sous l'eau froide. Griller les noix à sec 5 minutes dans une poêle ou dans un four préchauffé à 350 °F (175 °C). Si on utilise des cerneaux de noix plutôt que des noix hachées, griller environ 7 à 8 minutes. Laisser tiédir. Ajouter un peu d'huile d'olive et poêler les asperges rapidement en les tournant. Disposer dans une assiette de service. Verser la vinaigrette. Égrener les fromages, parsemer de noix, de graines de lin moulues et d'une pincée de fleur de sel. Poivrer au goût. Servir en accompagnement.

Figues farcies
aux noix

Accompagnements   147

Croustade
aux courgettes

4 à 6 portions

- 4 courgettes tranchées
- 4 oignons verts tranchés

Croustade salée

- ½ tasse (125 g) de noix de Grenoble hachées
- 1 c. à soupe (15 ml) de fèves de soya rôties
- 1 c. à soupe (15 ml) de graines de lin moulues
- 1 c. à soupe (15 ml) de graines de citrouille hachées
- 2 c. à soupe (30 ml) de noix de Grenoble hachées
- 2 c. à soupe (30 ml) de graines de chanvre
- ½ tasse (125 g) de chapelure de pain de grains entiers
- 1 c. à soupe (15 ml) de farine de kamut
- 2 c. à soupe (30 ml) de fromage parmesan
- ⅓ tasse (80 g) de beurre froid en cubes
- 5 à 7 feuilles de basilic ciselées
- 1 échalote française
- Sel et poivre noir fraîchement moulu
- 1 c. à thé (5 ml) d'huile de noix

Préchauffer le four à 375 ºF (190 ºC). Graisser un plat allant au four. Couper les courgettes en trois ou en quatre tranches d'environ ¼ po (0,63 cm) et trancher les oignons verts en deux sur la longueur. Dans un bol, mélanger tous les ingrédients de la croustade à l'aide d'une fourchette en utilisant du beurre froid jusqu'à l'obtention d'un mélange grumeleux. Verser l'huile de noix dans le mélange de chapelure. Conserver au réfrigérateur. Disposer les courgettes et les oignons verts dans le plat. Assaisonner. Saupoudrer du mélange de la croustade. Cuire environ 20 à 30 minutes ou jusqu'à ce que la croustade soit dorée. Laisser tiédir quelques minutes avant de servir. Saupoudrer de graines de lin et verser, en filet, l'huile de noix au goût.

> **Suggestions**
> Ajoutez à cette croustade d'autres légumes, tels que des poivrons, des champignons de Paris ou bien un mélange de champignons sauvages.

Pommes sautées
aux noix

4 portions

- 4 grosses pommes (Gala, Fuji)
- 1 c. à thé (5 ml) de jus de citron
- 2 c. à soupe (30 ml) de noix de Grenoble hachées
- 1 c. à soupe (15 ml) de beurre non salé
- 1 c. à soupe (15 ml) d'huile de canola
- 1 pistil de safran (facultatif)
- 1 c. à soupe (15 ml) de raisins secs
- 1 c. à thé (5 ml) de miel
- ¼ tasse (60 ml) de vin Marsala
- Poivre noir fraîchement moulu

Enlever le cœur des pommes et les couper en quartiers. Badigeonner de jus de citron pour empêcher que les pommes ne brunissent. Chauffer un poêlon antiadhésif. Y griller les noix à sec 5 minutes. Réserver. Dans la même poêle, mettre le beurre, l'huile et le safran. Remuer pour colorer le mélange. Faire sauter les pommes et les raisins secs en ajoutant le miel à feu moyen-élevé. Ajouter le vin. Poivrer quand l'alcool s'est évaporé. Incorporer les noix. Mélanger délicatement. Servir tiède en accompagnement avec de la viande blanche.

Croustade

aux courgettes

Choux de Bruxelles
relevés aux noix

4 portions

12 choux de Bruxelles
12 cerneaux de noix de Grenoble
1 c. à soupe (15 ml) d'huile d'olive
1 c. à thé (5 ml) de zeste de citron
1 c. à soupe (15 ml) d'huile de noix
¼ c. à thé (1 ml) d'huile de lin
2 quartiers de citron

Cuire les choux 2 à 3 minutes dans l'eau bouillante salée. Refroidir à l'eau froide. Couper les cerneaux de noix en deux. Chauffer un poêlon et y verser l'huile d'olive, la moitié du zeste de citron et les noix. Ajouter les choux et sauter le tout quelques minutes. Retirer du feu, ajouter l'autre moitié du zeste de citron, l'huile de noix et l'huile de lin. Mélanger. Servir avec les quartiers de citron.

Chou kale
à la sauce aux noix

4 portions

1 chou kale moyen
Sauce aux noix
Noix supplémentaires

Sauce

1 c. à thé (5 ml) d'huile de canola
6 petites échalotes françaises hachées
¼ tasse (60 ml) de vin blanc sec
¾ tasse (200 ml) de bouillon de poulet
2 à 3 feuilles de sauge hachées
1 c. à soupe (15 ml) d'huile de noix
2 c. à soupe (30 ml) de noix de Grenoble hachées
2 c. à soupe (30 ml) de graines de chanvre

Blanchir les feuilles de chou 5 à 8 minutes pour qu'elles soient tendres. Refroidir sous l'eau froide. Dans une poêle moyenne, faire sauter les échalotes avec l'huile de canola. Déglacer au vin blanc. Mouiller au bouillon. Ajouter la sauge. Cuire à feu moyen-élevé, 5 minutes en remuant. Retirer du feu. Passer au mélangeur ou au robot culinaire jusqu'à ce que la sauce soit onctueuse. Ajouter l'huile de noix. Au moment de servir, napper chaque portion d'une cuillère de sauce. Saupoudrer de noix de Grenoble et de graines de chanvre.

Choux de Bruxelles

relevés aux noix

＃ Épinards et cresson
crémeux aux noix

4 portions

8 cerneaux de noix
1 sac (5,98 oz - 170 g) d'épinards
½ botte (3,53 oz - 100 g) de cresson
4 c. à soupe (60 ml) de mayonnaise au tofu et à l'huile de canola
2 c. à thé (10 ml) d'huile de noix
½ c. à thé (2 ml) d'huile de lin
3 c. à soupe (50 ml) de lait 1 %
Sel et poivre noir fraîchement moulu

Disposer les noix sur une plaque à cuisson recouverte de papier parchemin. Dans un four préchauffé à 350 ºF (175 ºC), les faire griller environ 8 minutes. Laisser tiédir. Hacher les noix de la grosseur désirée. Nettoyer, rincer, essorer et couper les tiges des épinards et séparer les tiges de cresson. Déposer le tout dans un saladier. Ajouter la mayonnaise, les huiles de noix et de lin, puis les noix. Remuer. Assaisonner. Servir en accompagnement.

Betteraves
à l'huile de noix

4 portions

7,06 oz (200 g) de betteraves
2 oignons verts hachés
8 cerneaux de noix

Vinaigrette

¼ tasse (60 ml) d'huile de noix
1 c. à soupe (15 ml) de vinaigre balsamique blanc
½ c. à thé (2 ml) de moutarde de Dijon
½ c. à thé (2 ml) de miel doux
Sel et poivre noir fraîchement moulu

Nettoyer et brosser les betteraves. Piquer tout le tour à la fourchette et les envelopper de papier aluminium. Cuire au four avec la peau à 375 ºF (190 ºC) environ 30 minutes. Laisser tiédir avant de les peler. Trancher en rondelles ou en bâtonnets. Transférer dans un saladier. Griller les noix hachées dans un poêlon ou au four 6 à 7 minutes. Hacher les cerneaux de noix. Hacher les oignons verts. Fouetter tous les ingrédients de la vinaigrette. Verser la vinaigrette. Incorporer les noix et les oignons verts. Assaisonner. Mélanger délicatement pour bien enrober le tout. Servir en accompagnement.

Suggestions

Utilisez des pommes de terre grelot ou des pommes de terre nouvelles à la place des betteraves. Les deux variantes se servent bien accompagnées d'une salade verte.

Épinards et cresson

crémeux aux noix

Accompagnements 153

Poulet aux noix
et pomme grenade

2 portions

5,28 oz (150 g) de blanc de poulet
1 tasse (250 g) de noix de Grenoble
1 c. à soupe (15 ml) d'huile de canola
½ tasse (125 ml) de bouillon de poulet
1 tasse (250 ml) de jus de pomme grenade
½ c. à thé (2 ml) de zeste d'orange (facultatif)
1 c. à thé (5 ml) de miel (facultatif)

> **Suggestions**
> Vous pouvez couper le poulet en bouchées et les ajouter à la sauce. Cette sauce a une couleur surprenante mais elle est vraiment succulente avec le poulet.

Cuire le poulet 35 à 40 minutes, dans un four préchauffé à 350 °F (170 °C), dans un plat allant au four légèrement huilé et recouvert de papier d'aluminium. Pendant ce temps, préparer la sauce. Dans un poêlon, griller les noix dans l'huile de canola, en brassant. Les hacher grossièrement. Ajouter le bouillon de poulet, le jus de pomme grenade, le zeste d'orange et le miel. Porter à ébullition. Laisser mijoter à feu doux une quinzaine de minutes. Réduire le tout en purée à l'aide d'un mélangeur ou servir la sauce avec les morceaux de noix entiers. Si la sauce est trop aigre, ajouter du miel. Mais si, au contraire, elle est trop sucrée, verser un peu de jus d'orange pour rééquilibrer le tout. Remettre la sauce sur le feu et y déposer le poulet; mijoter encore 15 minutes à couvert. Servir avec du riz blanc, basmati ou au jasmin.

Légumes au chèvre
à la sauce framboise

4 à 6 portions

1 c. à soupe (15 ml) de noix de Grenoble grillées
2 laitues Boston
4 c. à soupe (60 ml) de fromage de chèvre 6 % de gras
12 framboises fraîches (facultatif)

Vinaigrette

¾ tasse (180 g) de framboises congelées
1 figue fraîche, mûre
1 c. à soupe (15 ml) de vinaigre balsamique blanc
1 c. à soupe (15 ml) de miel
1 c. à thé (5 ml) de romarin frais haché
1 c. à thé (5 ml) de jus de lime
1 c. à thé (5 ml) de graines de lin moulues (facultatif)
¼ tasse (60 ml) d'huile de canola
1 c. à thé (5 ml) d'huile de noix
½ c. à thé (2 ml) d'huile de lin
Fleur de sel
Poivre noir fraîchement moulu

Dans un four préchauffé à 350 °F (175 °C), faire griller les noix environ 8 minutes. Laisser tiédir, puis moudre les noix. Mettre tous les ingrédients de la vinaigrette, sauf les 3 sortes d'huile, dans un mélangeur ou un robot culinaire et bien mélanger. Ajouter les huiles et pulser 2 ou 3 fois. Assaisonner. Filtrer si désiré. Servir la laitue avec du fromage de chèvre, quelques fruits frais et la vinaigrette en accompagnement. Saupoudrer de graines de lin moulues, si désiré, et de fleur de sel.

Poulet aux noix

et pomme grenade

Accompagnements 155

Viandes
et volailles
Déguisez vos Oméga-3 !

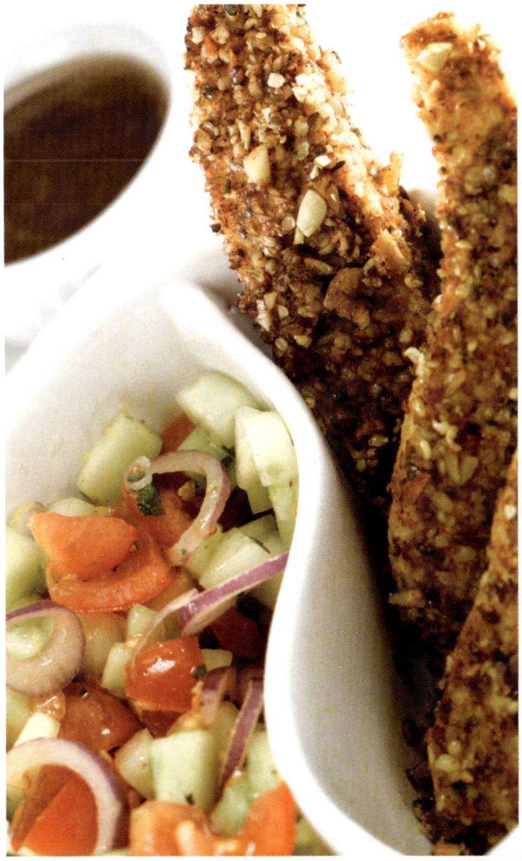

Pilons de poulet
panés style indien

6 à 8 portions

6 à 8 pilons de poulet

Marinade

1 tasse (250 ml) de yogourt faible en gras
1 gousse d'ail hachée
½ c. à thé (2 ml) de gingembre frais haché
2 c. à thé (10 ml) de zeste de lime
3 c. à thé (15 ml) de jus de lime
½ c. à thé (2 ml) de pâte de piment chili (Sambal Oelek)
1 c. à soupe (15 ml) de vinaigre de pomme bio

Enrobage

2 c. à soupe (30 ml) de miel
1 c. à soupe (15 ml) d'huile de canola

Mélange au goût

1 c. à soupe (15 ml) de graines de citrouille
1 c. à soupe (15 ml) de pistaches
1 c. à soupe (15 ml) de noix de coco râpée (facultatif)
Huile de canola ou de soya
2 c. à soupe (30 ml) de graines de lin et de chanvre écalées

Hacher les graines de citrouille, les pistaches et la noix de coco moyennement fin. Réserver. Enlever la peau des pilons de poulet. Mélanger tous les ingrédients de la marinade et y laisser mariner les pilons de poulet toute une nuit. Préchauffer le four à 375 °F (190 °C). Enrober les pilons d'abord de miel, puis du mélange de graines et de noix, mais ne saupoudrer les graines de lin et de chanvre qu'en fin de cuisson et vaporiser d'huile. Badigeonner ou vaporiser une feuille de papier parchemin d'huile de soya ou de canola. Déposer les pilons sur une plaque à cuisson ou une lèchefrite. Cuire environ 30 à 40 minutes en les retournant en cours de cuisson. Les pilons sont cuits lorsque la chair se détache de l'os. Griller quelques minutes, si désiré. Servir chaud, tiède ou froid.

Suggestions

On peut mélanger des noix, pour varier l'enrobage, comme des noix de Grenoble, des amandes ou des noisettes. Augmentez ou diminuez la quantité de miel dans la marinade selon que vous utilisez de la noix de coco sucrée ou non. Utilisez cette marinade pour cuisiner des ailes ou des cubes de poulet.

Pilons de poulet

panés style indien

Chaussons vite faits
bœuf et noix

4 portions

8 feuilles de brick
8,81 oz (250 g) de bœuf haché maigre
1 tasse (250 g) de patates douces râpées
2 oignons verts hachés
1 pincée de pâte de chili (Sambal Oelek) ou quelques gouttes de Tabasco
¼ tasse (60 g) de noix de Grenoble hachées
2 c. à thé (10 ml) de graines de lin moulues
1 pincée d'herbes (thym, estragon, origan)
Huile d'olive ou de canola
Sel et poivre fraîchement moulu
Huile de canola

Cuire les ingrédients de la farce quelques minutes dans un poêlon dans un peu d'huile. Conserver les feuilles brick dans un linge humide. Mélanger les ingrédients de la farce et en déposer une cuillérée le long de la feuille. Façonner en triangles ou en rouleaux. Poêler dans un peu d'huile de canola. Déposer sur du papier absorbant. Servir chaud ou tiède avec une salade ou des légumes vapeur.

Pain de viande
relevé aux noix

6 à 8 portions

Sauce tomate au miel

½ tasse (125 ml) de sauce tomate
½ tasse (125 ml) de sauce chili aux tomates
2 c. à thé (10 ml) de miel
¼ c. à thé (1 ml) de poivre gris moulu

Pain de viande

1 lb (450 g) de bœuf haché extra-maigre
1 lb (450 g) de porc haché extra-maigre
½ tasse (125 g) de noix de Grenoble hachées
4 c. à soupe (60 ml) de graines de lin moulues (facultatif)
2 échalotes françaises hachées
2 petites gousses d'ail hachées
2 œufs oméga-3
½ tasse (125 g) de chapelure de pain aux graines de lin
4 c. à soupe (60 ml) de farine d'avoine
¼ c. à thé (1 ml) de poivre de Cayenne
2 c. à thé (10 ml) de paprika
2 c. à thé (10 ml) d'herbes de Provence
Sel et poivre noir moulu
2 c. à soupe (30 ml) de persil haché

Préchauffer le four à 300 °F (150 °C). Dans une casserole allant au four, verser la sauce chili, le miel et le poivre gris dans la sauce tomate. Brasser. Dans un bol, mélanger les deux sortes de viande avec tous les autres ingrédients et avec ¼ tasse de la sauce tomate au miel, préparée précédemment. Déposer dans un moule à pain beurré et recouvert de papier parchemin (facultatif). Ou encore, si on n'a pas de moule, façonner en forme de pain et cuire sur une plaque à cuisson recouverte de papier parchemin. Badigeonner de sauce tomate au miel. Assaisonner. Cuire 40 à 45 minutes. Servir chaud ou froid avec la salade d'accompagnement et la vinaigrette au champagne.

Chaussons vite faits

bœuf et noix

Viandes et volailles — 161

Pommes de terre
en purée au pesto

4 portions

4 pommes de terre moyennes
Environ ½ tasse (125 ml) de lait 1 %

Pesto de base

1 bouquet de basilic
1 bouquet de persil plat
2 gousses d'ail
3 c. à soupe (50 ml) de noix hachées finement
3 c. à soupe (50 ml) de parmesan
5 c. à soupe (75 ml) d'huile d'olive
5 c. à soupe (75 ml) d'huile de noix
½ c. à thé (2 ml) d'huile de lin

Mélanger tous les ingrédients du pesto à l'aide d'un robot culinaire ou d'un mélangeur, en y versant l'huile tranquillement et en petite quantité. Réserver. Piquer les pommes de terre à la fourchette et les envelopper de papier d'aluminium. Cuire les pommes de terre au four à 375 °F (190 °C) de 30 à 40 minutes. Les réduire en une purée grossière en ajoutant le lait 1 % tiède. Mélanger avec le pesto, au goût. Servir immédiatement.

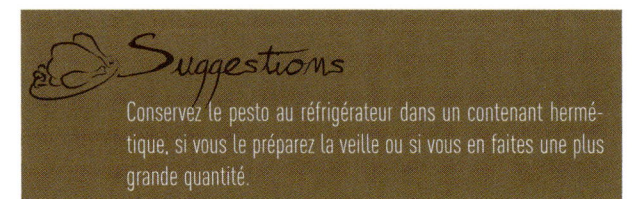

Suggestions
Conservez le pesto au réfrigérateur dans un contenant hermétique, si vous le préparez la veille ou si vous en faites une plus grande quantité.

Marinade
douce au citron

4 portions de 100g de volaille

¼ tasse (60 ml) d'huile d'olive extra vierge
¼ tasse (60 ml) d'huile de tournesol ou canola
Le jus d'un citron moyen
2 c. à thé (10 ml) de miel
¼ c. à thé (1 ml) de chacun : moutarde sèche, sel fin, basilic sèche (facultatif)

Fouetter tous les ingrédients. Verser dans une assiette creuse ou un bol en verre. Mariner les cubes de volaille environ 1 heure au réfrigérateur. Enfiler sur des brochettes de bois préalablement trempées dans l'eau. Griller à feu moyen-élevé en les retournant 4 à 5 minutes de chaque côté selon la grosseur ou environ 2 à 3 minutes sur le presse-panini.

Pommes de terre

en purée au pesto

Viandes et volailles   163

Poulet
croustillant

2 portions

1 blanc de poulet (4,41-5,28 oz) (125-150 g)

Sauce au miel, moutarde et huile de noix à doubler

½ tasse (125 ml) de miel
1 c. à soupe (15 ml) de moutarde à l'ancienne
2 c. à soupe (30 ml) d'huile de noix
1 pincée de poivre de Cayenne ou quelques gouttes de sauce Tabasco (facultatif)

Panure sans friture

2 c. à soupe (30 ml) de graines de citrouille
1 c. à soupe (15 ml) de noix de Grenoble
2 c. à soupe (30 ml) de graines de chanvre écalées
1 c. à thé (5 ml) de graines de lin moulues
½ c. à thé (2 ml) de curry
½ c. à thé (2 ml) de cumin
½ c. à thé (2 ml) de paprika ou de piment d'Espelette
Huile de canola en vaporisateur

Légumes d'accompagnement (au goût)

Salade de concombre, tomates, oignons et persil

Chauffer le miel à feu doux. Ajouter la moutarde et l'huile. Assaisonner d'une pincée de poivre de Cayenne ou de quelques gouttes de Tabasco, si désiré. Verser dans des contenants pour y tremper le poulet pané ou déposer une cuillère dans chaque assiette.

Pour le poulet pané sans friture, couper le poulet en petites lanières de ½ po d'épaisseur (1,27 cm). Vaporiser légèrement d'huile. Cuire au four préchauffé à 375 ºF (190 ºC) 8 minutes environ ou dans une poêle cannelée. Faire griller les graines de citrouille et les noix de Grenoble à sec 1 à 2 minutes avec les épices moulues et les hacher finement. Incorporer les autres graines (lin et chanvre) hors du feu. Transférer dans une assiette creuse. Badigeonner de sauce au miel et enrober les lanières de poulet de panure. Servir avec une salade de légumes frais.

Poulet

croustillant

Viandes et volailles

Carré d'agneau pané

aux grains de chanvre et petits pois à la menthe et à l'huile de noix

2 à 4 portions

Petits pois

1 tasse (250 g) de petits pois surgelés
1 c. à thé (5 ml) d'huile de noix
3 à 4 feuilles de menthe ciselées
1 c. à thé (5 ml) de noix de Grenoble hachées

Agneau

1 petite gousse d'ail
4 c. à soupe (60 ml) de feuilles de menthe
5 c. à soupe (75 ml) de graines de chanvre écalées
1 c. à soupe (15 ml) de graines de lin moulues
6 côtelettes de carré d'agneau d'environ ¾ po (2 cm) d'épaisseur
2 c. à soupe (30 ml) de moutarde de Dijon
Sel et poivre noir moulu
Mélange de beurre et **d'huile de canola** en vaporisateur (quantité approximative)

Dégermer l'ail. Hacher finement l'ail et la menthe. Déposer dans une assiette creuse. Mélanger avec les graines de chanvre écalées et les graines de lin moulues. Réserver. Badigeonner les côtelettes de moutarde et assaisonner au goût. Vaporiser d'huile. Cuire dans une poêle cannelée, au goût, à feu moyen-élevé (saignant : 1 ½ minute de chaque côté pour 1 po d'épaisseur). Hors du feu, enrober la viande dans la panure. Servir avec les petits pois à la menthe.

Filet de porc

farci aux noix et aux canneberges

4 à 6 portions

1 c. à soupe (15 ml) d'oignons doux
1 c. à soupe (15 ml) de beurre ou d'huile d'olive
1 c. à thé (5 ml) de romarin frais haché
1 c. à thé (5 ml) de persil frais haché
1 gousse d'ail finement hachée
2 c. à soupe (30 ml) de canneberges séchées hachées
2 c. à soupe (30 ml) de noix de Grenoble hachées
1,76 oz (50 g) de chapelure de pain aux **graines de lin**
1 gros œuf oméga-3 légèrement battu
1 gros filet de porc 24,68 oz (700 g)

Sauce

1 échalote grise hachée, 1 tasse (250 ml) de bouillon de poulet ou de légumes, 2 c. à soupe (30 ml) de canneberges séchées hachées, 1 brin de romarin, sel et poivre fraîchement moulu, 1 c. à soupe (15 ml) d'huile de noix et ¼ c. à thé d'huile de lin

Préchauffer le four à 325 ºF (160 ºC). Cuire l'oignon dans un peu d'huile et de beurre jusqu'à ce qu'il soit transparent. Ajouter l'ail, le romarin et le persil au mélange de chapelure et de noix de Grenoble moulues. Y ajouter l'œuf et l'oignon cuit. Assaisonner. Étendre de la pellicule plastique sur la surface de travail. Déposer le filet de porc sur celle-ci. Couper le filet de porc en deux dans le sens de la longueur, pour l'ouvrir. Répartir la farce sur toute la longueur, puis saupoudrer de canneberges. Faire un rouleau et ficeler. Vaporiser un peu d'huile d'olive dans un plat de cuisson et mettre au four. Cuire pendant 1 heure. La viande est cuite lorsqu'en la transperçant il en coule un jus clair. Retirer la viande du plat, la couvrir de papier d'aluminium et la laisser reposer 15 minutes avant de trancher.

Pour faire la sauce, dégraisser le plat de cuisson et le mettre sur le feu. Faire suer l'échalote dans le plat de cuisson de la viande, puis y verser le bouillon. Réduire en grattant le fond du plat. Ajouter les canneberges et le brin de romarin. Assaisonner au goût. Retirer du feu. Verser l'huile de noix et l'huile de lin. Retirer le romarin et passer au mélangeur. Servir le porc farci avec la sauce.

Carré d'agneau pané

aux grains de chanvre

Viandes et volailles 167

Pâtes
et sauces
Énergisez votre journée !

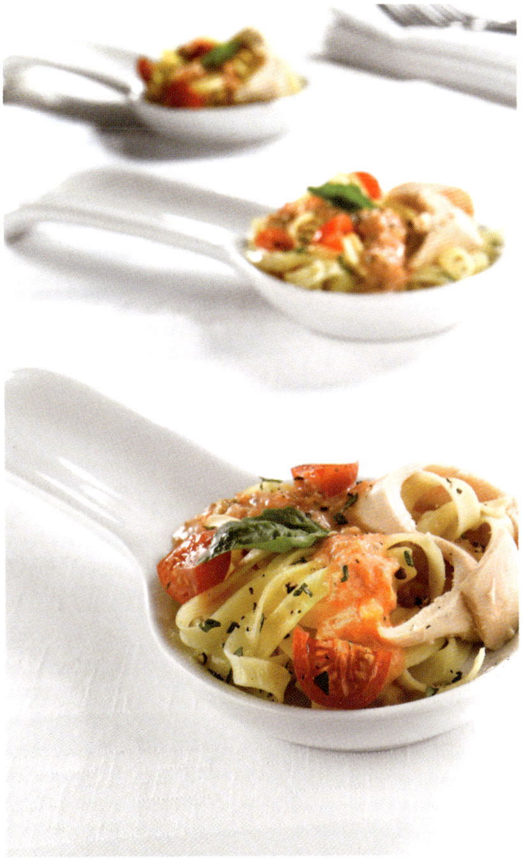

Lasagne aux 2 saumons
et aux épinards

5 à 6 portions

6 oz (180 g) d'épinards
1 c. à soupe (15 ml) d'huile d'olive
1 échalote française hachée
1 gousse d'ail hachée (facultatif)
2 c. à soupe (30 ml) de persil haché
8 à 10 feuilles de lasagne
14,12 oz (400 g) de saumon cuit
2,64 oz (75 g) de saumon fumé
1 c. à soupe (15 ml) d'estragon ou d'aneth haché
¼ tasse (60 g) de graines de chanvre ou de noix de pin (facultatif)
3 à 4 tasses (750 à 1000 ml) de béchamel
1 tasse (250 g) de fromage mozzarella râpé, partiellement écrémé
¼ tasse (60 g) de fromage parmesan
1 pincée de muscade
Sel et poivre noir fraîchement moulu

Sauce béchamel

1 petit oignon
1 feuille de laurier (facultatif)
Pincée de muscade
5 tasses (1250 ml) de lait 1 %
6 c. à soupe (90 ml) d'huile de canola
7 c. à soupe + 1 c. à thé (110 ml) de farine tout usage
Sel et poivre noir fraîchement moulu

Préparation de la sauce : Trancher l'oignon en deux. Dans une casserole, mettre l'oignon coupé, la feuille de laurier et la muscade. Verser le lait et porter à ébullition. Retirer du feu. Laisser tiédir. Filtrer. Chauffer à nouveau le lait. Dans une autre casserole, faire le roux (mélanger la farine avec l'huile). Verser le lait et le fouetter pour éviter que des grumeaux ne se forment. Porter à ébullition tout en continuant à fouetter. Réduire le feu quand la sauce commence à épaissir. Mijoter 2 à 4 minutes.

Préparation des épinards : Couper les tiges. Bien rincer. Blanchir les épinards, les passer sous l'eau froide et les éponger pour enlever l'excédent d'eau. Les hacher grossièrement. Faire sauter dans l'huile avec l'échalote hachée à feu moyen quelques minutes. Ajouter l'ail haché, si désiré. Incorporer le persil. Mélanger. Retirer du feu. Réserver dans un bol. Préchauffer le four à 350 ºF (180 ºC).

Montage : Cuire les pâtes selon les instructions du fabricant ou 3 minutes pour des pâtes fraîches. Les rincer sous l'eau froide. Étaler sur un linge humide. Émietter le saumon cuit dans un bol. Poivrer. Ajouter des herbes hachées. Disposer les segments de pâtes à lasagne dans une lèchefrite beurrée, en commençant par un premier rang. Alterner pâtes, saumon ou épinards et béchamel. Terminer avec du fromage mozzarella mélangé avec du parmesan. Recouvrir de papier aluminium qu'il faudra enlever en fin de cuisson, pour permettre au fromage de gratiner. Cuire de 30 à 45 minutes, incluant 8 à 10 minutes à découvert.

Lasagne aux 2 saumons
et aux épinards

Ravioli de poisson
et fruits de mer

4 portions

- ½ tasse (125 ml) de bouillon de poulet
- ½ tasse (125 ml) de bouillon de poisson gras
- ¼ tasse (60 ml) de vin blanc
- **2 tranches (8,81 oz - 250 g) de flétan du Groenland**
- 3,53 oz (100 g) de fruits de mer variés
- 8 pâtes à raviolis chinois (won ton)
- ½ c. à thé (2 ml) d'ail écrasé
- ¼ c. à thé (1 ml) de gingembre haché
- 1 petite carotte en dés
- 1 tomate en dés
- 1 blanc de poireau en lanières
- 1 brin d'herbe fraîche hachée (aneth, persil, coriandre)
- 1 c. à soupe (15 ml) d'huile d'olive
- **1 c. à soupe (15 ml) d'huile de chanvre**

Chauffer le bouillon (bouillon de poulet, de poisson gras et le vin blanc) pour qu'il frémisse. Ajouter les condiments et assaisonner au goût. Réduire le feu. Pocher le poisson et les fruits de mer dans le bouillon 5 à 8 minutes. Réserver dans une assiette et couvrir de papier aluminium. Cuire les pâtes et les légumes en dés 3 à 4 minutes dans de l'eau salée. Égoutter. Disposer temporairement les pâtes sur un linge humide. Verser un peu de bouillon dans chaque assiette préalablement chauffée. Déposer délicatement un carré de pâte à raviolis à plat. Garnir avec la moitié d'une tranche de poisson, une cuillérée de fruits de mer et des légumes. Recouvrir d'un autre carré de pâte. Sceller à l'aide d'une fourchette. Relever la soupe d'herbes fraîches et arroser d'un filet du mélange d'huiles.

Suggestions
Les raviolis sont pratiques puisqu'on peut les conserver au congélateur. Vous pouvez cuisiner cette recette avec des pâtes à lasagne fraîches.

Pâtes et maquereau
aux tomates grillées

Par portion

- **3,53 oz (100 g) de maquereau**
- 1 échalote française hachée
- 1 c. à thé (5 ml) d'huile d'olive
- ½ tasse (125 ml) de bouillon de poisson
- 1 portion de pâtes
- 1 tomate
- 1 c. à thé (5 ml) de basilic haché
- 1 poignée de petits épinards
- 2 c. à soupe (30 ml) de fromage parmesan

Assaisonner le poisson nettoyé et épongé. Couper en bouchées. Chauffer une poêle avec un peu d'huile. Faire sauter l'échalote quelques minutes. Faire sauter ou pocher le poisson dans un fond de bouillon. Réserver au chaud. Cuire les nouilles dans le bouillon. Couper la tomate en tranches épaisses. Saupoudrer de basilic haché. Vaporiser d'huile une poêle cannelée antiadhésive et y faire griller les tomates environ 3 minutes ou sous le gril du four. Servir les pâtes sur les épinards saupoudrés de parmesan et de basilic haché. Verser un filet du mélange d'huiles et garnir de tomates et de bouchées de poisson.

Raviolis de poisson

et fruits de mer

Pâtes
au Roquefort

4 portions

1 tasse (250 ml) de crème 10 % ou de lait 1 %
4 portions de pâtes
4,23 oz (120 g) de fromage bleu (Roquefort, Stilton)
1 c. à thé (5 ml) de cognac (facultatif)
Sel et poivre noir moulu
2 c. à soupe (30 ml) de graines de citrouille
2 c. à soupe (30 ml) de graines de chanvre écalées
2 c. à thé (10 ml) de persil haché
Salade verte

Sortir la crème 1 heure à l'avance. Chauffer des assiettes au four à basse température. Cuire les pâtes al dente. Pendant la cuisson de celles-ci, mélanger la crème avec le Roquefort. Verser un trait de cognac, si désiré. Assaisonner. Égoutter les pâtes. Les enrober de crème au fromage ou verser la crème dessus. Parsemer de graines de citrouille, de graines de chanvre et d'herbes fraîches.

Pâtes et thon
au curry vert

4 portions

4 portions de thon
½ tasse (125 ml) de curry vert
4 portions de pâtes
1 à 2 c. à soupe (15 à 30 ml) d'huile de canola

Curry vert

1 c. à soupe (15 ml) d'ail, de gingembre, de coriandre et de basilic
1 c. à thé (5 ml) de citronnelle hachée
1 piment vert (moyennement fort) ou
½ c. à thé (2 ml) de pâte chili (Sambal Oeleck)
2 c. à soupe (30 ml) de sauce de poisson (nuoc nam)
1 c. à soupe (15 ml) de pâte de crevettes
Zeste et jus de ½ citron vert
½ tasse (125 ml) de lait de coco
¼ tasse (60 ml) d'huile de canola ou de soya

Préparer le curry 24 heures à l'avance en mélangeant tous les ingrédients dans un contenant en verre. Conserver au réfrigérateur. Sortir 1 heure à l'avance. Dans une poêle cannelée, griller les steaks de thon 2 minutes de chaque côté (ou selon l'épaisseur) en laissant l'intérieur rosé. Napper de curry vert. Réserver. Cuire les pâtes. Verser un filet d'huile de canola ou d'huile d'olive dessus. Assaisonner. Disposer dans des assiettes préalablement chauffées avec une portion de thon au curry vert.

Pâtes

au Roquefort

# Pâtes au maquereau
à la sicilienne

4 portions

- 1 c. à soupe (15 ml) de raisins secs
- 3 à 4 filets d'anchois (facultatif)
- **8,81 oz (250 g) de filets de maquereau**
- 1 à 2 c. à soupe (15 à 30 ml) d'huile d'olive
- 4 portions de pâtes
- 1 c. à thé (5 ml) de graines de fenouil
- 1 gousse d'ail hachée
- 1 oignon moyen haché
- 2 pistils de safran
- 1 c. à thé (5 ml) de zeste de citron
- 1 c. à soupe (15 ml) de vin blanc ou rouge sec
- 1 c. à soupe (15 ml) de **graines de chanvre écalées** ou de pignons
- 1/3 tasse (80 g) de farine tout usage
- Sel de mer fin
- Poivre noir fraîchement moulu

Salade de fenouil en accompagnement

- 1 bulbe de fenouil haché
- Feuilles de laitue
- 2 c. à soupe (30 ml) d'un mélange : moitié-moitié huile d'olive et **huile de canola**
- 1/2 c. à thé (2 ml) d'**huile de lin**
- 1 c. à soupe (15 ml) de vinaigre de vin blanc ou de jus de citron
- Sel et poivre fraîchement moulu
- 1 c. à soupe (15 ml) de **graines de lin moulues**

Tremper les raisins dans du vin ou de l'eau tiède. Rincer les anchois et les faire tremper 15 minutes. Faire lever les filets de maquereau par votre poissonnier; enlever les arêtes restantes. Enrober de farine. Chauffer un peu d'huile dans un grand poêlon et cuire les filets de maquereau. Les déposer sur du papier absorbant. Assaisonner. Couper en morceaux, si désiré. Cuire les pâtes al dente dans de l'eau bouillante salée. Égoutter. Réserver au chaud. Moudre les graines de fenouil et les mélanger avec les filets d'anchois, du poivre et un filet d'huile. Réserver. Dans un grand poêlon, faire sauter l'oignon et l'ail dans l'huile. Ajouter le safran infusé dans un peu d'eau chaude, le zeste de citron, les graines de fenouil et les raisins. Remuer. Cuire quelques minutes à feu moyen. Rectifier l'assaisonnement. Incorporer les pâtes. Parsemer de graines de chanvre ou de pignons. Remuer. Verser un peu d'huile, si nécessaire. Servir dans des assiettes préalablement chauffées.

Blanchir des quartiers de bulbe de fenouil dans de l'eau bouillante salée. Hacher et déposer dans un saladier. Ajouter des feuilles de laitue. Arroser d'huile et de vinaigre de vin blanc. Assaisonner. Saupoudrer de graines de lin moulues, si désiré. Touiller et servir.

Pâtes à la crème
et au saumon fumé

2 portions

- 2 portions de pâtes fraîches
- **2 tranches de saumon fumé**
- 4 tomates séchées réhydratées
- 1 tasse (250 ml) de lait 1 %
- **1 jaune d'œuf oméga-3**
- 2 c. à soupe (30 ml) d'huile d'olive
- 4 c. à soupe (60 ml) de fromage parmesan
- Sel et poivre noir moulu

Cuire les pâtes al dente. Les conserver au chaud. Hacher les tomates séchées. Les faire sauter dans l'huile d'olive 2 minutes. Verser le lait. Chauffer à feu moyen-élevé. Retirer du feu et assaisonner. Ajouter le parmesan et l'œuf tout en brassant. Verser sur les pâtes. Garnir avec le saumon fumé.

Pâtes au maquereau

à la sicilienne

Pâtes et poisson
au beurre Maître d'hôtel

Par portion
- 2,82 oz (80 g) de filet de saumon
- 1 portion de pâtes
- 1 c. à soupe (15 ml) de persil haché
- ½ c. à soupe (8 ml) de zeste de citron
- Sel et poivre noir fraîchement moulu

Beurre Maître d'hôtel allégé
- 1 c. à soupe (15 ml) de beurre ramolli
- 1 c. à soupe (15 ml) d'huile de canola
- Le jus de ½ citron
- 1 c. à thé (5 ml) de persil haché

Couper le poisson en tranches minces ou en lanières. Assaisonner. Réserver. Malaxer le beurre ramolli et l'huile avec le jus d'un demi-citron, le zeste, du sel et du poivre. Ajouter du persil haché finement. Pocher le poisson ou le faire sauter à la cuisson désirée dans un poêlon recouvert de papier parchemin huilé. Réserver au chaud dans du papier aluminium. Cuire les pâtes al dente en même temps que le poisson dans de l'eau salée. Égoutter. Incorporer une portion de beurre aux pâtes. Servir avec le poisson entier ou coupé en lanières.

Pâtes à la sauce blanche
et truite grillée

4 portions
- 4 portions de pâtes
- 1 filet (14,12 oz - 400 g) de truite
- ½ à 1 c. à thé (2 à 5 ml) de poivre noir entier
- 2 c. à soupe (30 ml) d'huile d'olive

Sauce blanche
- 1 échalote française hachée
- 1 c. à soupe d'huile de canola
- 2 c. à soupe (30 ml) de farine tout usage
- 2 c. à soupe (30 ml) de beurre
- 1 ½ tasse (375 ml) de lait
- ¼ tasse (60 g) de fromage parmesan râpé
- 2 à 3 feuilles de basilic
- 1 tasse (250 ml) de bouillon de poisson gras ou de poulet
- Sel et poivre blanc moulu
- 1 pincée de muscade

Accompagnement
- Fleurons de tranches d'aubergine grillées

Faire suer l'échalote dans l'huile jusqu'à ce qu'elle devienne transparente. Faire un roux avec le beurre et la farine. Dans un faitout, faire fondre ce mélange. Ajouter le lait. Mélanger au fouet à feu moyen-élevé jusqu'à épaississement. Verser le fromage râpé et le basilic ciselé. Assaisonner. Maintenir la sauce chaude à feu doux.

Écraser le poivre grossièrement. Déposer sur les filets de poisson en pressant. Les faire griller dans l'huile d'olive 2 à 4 minutes de chaque côté selon l'épaisseur et la cuisson désirée. Transférer sur une planche à découper. Couper les filets en deux ou défaire en bouchées. Incorporer à la sauce ou servir sur les pâtes al dente. Accompagner de fleurons de tranches d'aubergine grillées.

Pâtes et poisson

au beurre Maître d'hôtel

Pâtes au thon
sauce Aurore

4 portions

4 portions de pâtes
1 boîte (100 g) de thon blanc ou un filet de saumon cuit
1 tasse (250 ml) de béchamel
1 tasse (250 ml) de sauce tomate
1 c. à soupe (15 ml) de basilic haché

Sauce tomate légère

1 tasse (250 g) de légumes en dés fins (oignons, carottes, brocolis, échalotes)
1 c. à soupe (15 ml) d'huile d'olive
1 boîte (28 oz) de tomates broyées (ou l'équivalent fraîches)
1 bouquet garni
½ tasse (125 ml) de bouillon de poulet
Sel et poivre fraîchement moulu
1 c. à soupe (15 ml) d'herbes fraîches : basilic, origan en garniture
1 c. à soupe (15 ml) d'huile d'olive

Préparer la béchamel (voir recette Soufflé de poisson, à la page 208). Réserver. Préparer la sauce tomate : Faire sauter les légumes dans l'huile d'olive. Ajouter les tomates, le bouillon et le bouquet garni. Porter à ébullition. Réduire le feu. Mijoter 40 minutes. Jeter le bouquet garni. Passer au mélangeur. Mélanger ensuite la béchamel avec la sauce tomate, constituant ainsi la sauce Aurore. Faire chauffer la sauce. Cuire les pâtes al dente. Défaire le thon en boîte ou trancher le filet de saumon. L'ajouter à la sauce ou disposer sur les pâtes. Servir dans des assiettes préalablement chauffées et napper de sauce. Garnir d'herbes fraîches.

Pâtes au thon

sauce Aurore

Pâtes et sauces 181

Pâtes
aux oignons caramélisés

Par portion

2 c. à soupe (30 ml) de fromage crémeux 6 % de gras
4 à 5 c. à soupe (60 à 75 ml) de lait 1 %
1 c. à soupe (15 ml) d'oignons caramélisés
1 c. à soupe (15 ml) de persil frais haché
1 filet de saumon (2,82 à 3,53 oz) (80 à 100 g)
1 portion de pâtes
Sel et poivre fraîchement moulu
4 petites tomates cerises
4 tranches de concombre ou 2 feuilles de laitue

Oignons caramélisés épicés (2 ½ tasses)

4 oignons jaunes tranchés
1 ½ tasse (375 ml) de vinaigre de vin blanc
1 ½ c. à thé (7 ml) de cumin
1 ½ c. à thé (7 ml) de graines de coriandre moulues
1 tasse (250 g) de cassonade dorée

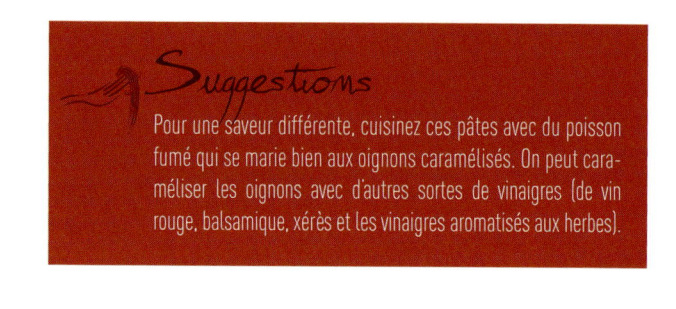

Fouetter le fromage avec le lait. Incorporer 1 à 2 c. à thé d'oignons caramélisés et du persil haché. Saler et poivrer au goût. Éponger le poisson préalablement nettoyé et rincé. Assaisonner. Pour la cuisson, tourner 1 fois après 2 ou 3 minutes, selon les préférences. Cuire les pâtes al dente. Y incorporer la sauce au fromage. Servir avec le poisson coupé en lanières ou entier. Garnir de petits légumes frais et d'oignons caramélisés restants.

Tremper les oignons entiers épluchés 30 minutes dans l'eau froide. Les trancher en rondelles assez minces. Transférer dans un chaudron. Ajouter le vinaigre et les épices. Cuire à feu moyen-élevé en mélangeant. Réduire le feu. Mijoter 15 minutes à couvert. Ajouter la cassonade et continuer la cuisson sans couvercle jusqu'à ce que les oignons soient très tendres et que le liquide de cuisson ait épaissi, soit environ 1 heure. Conserver dans des contenants hermétiques stérilisés, comme pour une confiture maison, ou au réfrigérateur jusqu'à 2 mois.

Suggestions

Pour une saveur différente, cuisinez ces pâtes avec du poisson fumé qui se marie bien aux oignons caramélisés. On peut caraméliser les oignons avec d'autres sortes de vinaigres (de vin rouge, balsamique, xérès et les vinaigres aromatisés aux herbes).

Pâtes

aux oignons caramélisés

Salade de pâtes froides
au poisson cru

4 à 6 portions

2 tasses (250 g) de fruits et légumes en dés : mangue, ananas, avocat, carottes, tomates, poivrons
300 g de filets de saumon cru
4 tasses (1000 g) de pâtes
3 c. à soupe (50 ml) de menthe fraîche
3 c. à soupe (50 ml) de coriandre fraîche
1/4 tasse (60 ml) d'huile de noix et d'huile d'olive
Le jus d'une lime
1 c. à soupe (15 ml) de vinaigre de vin blanc
Sel et poivre noir moulu

Couper les fruits et les légumes en dés fins. Couper le poisson en dés un peu plus gros que les fruits et les légumes. Réfrigérer si les pâtes ne sont pas encore cuites. Hacher les herbes. Dans un saladier, mélanger les pâtes cuites, l'huile, le jus de lime, le vinaigre et les herbes. Assaisonner. Ajouter le poisson et mélanger délicatement ou servir tel quel dans des bols ou sur des feuilles de laitue.

Pâtes aux tomates
et au thon cru en sauce à l'ail

4 portions

1 1/2 tasse (375 g) de tomates cerises
1 c. à thé (5 ml) de mélange d'huile d'olive et d'huile de canola
4 portions de farfalles
5,28 oz (150 g) de thon cru
1 c. à soupe (15 ml) de persil haché
1 c. à soupe (15 ml) de basilic frais
2 à 3 c. à thé (10 à 15 ml) de graines de citrouille
1 c. à thé (5 ml) de graines de lin moulues

Sauce à l'ail

1/2 tasse (125 g) de graines de chanvre écalées
4 gousses d'ail dégermées et hachées
2 c. à soupe (30 ml) d'huile d'olive
2 c. à soupe (30 ml) d'huile de canola ou d'huile de chanvre
1/8 c. à thé d'huile de lin
1/4 c. à thé (1 ml) de sel de mer fin

Mélanger tous les ingrédients de la sauce. Réserver.

Couvrir une plaque à cuisson de papier parchemin. Y déposer les tomates préalablement badigeonnées du mélange d'huiles. Enfourner à 200 °F (95 °C) pendant 1 1/2 heure à 2 heures ou jusqu'à ce qu'elles soient confites. Réserver. Cuire les pâtes al dente. Couper le thon en cubes ou en lanières. Verser assez de sauce sur les pâtes pour qu'elles soient bien enrobées. Servir avec le thon cru, les tomates confites et les herbes. Garnir de graines de citrouille entières et de lin fraîchement moulues.

Salade de pâtes froides

au poisson cru

Pâtes à la sauce
au citron thym

4 portions

- 4 portions de pâtes
- 2,64 oz (75 g) de saumon fumé en lanières
- 2 c. à soupe (30 ml) de persil ou d'aneth haché

Sauce

- 1 c. à soupe (15 ml) d'huile de canola
- 1 c. à thé (5 ml) d'huile d'olive
- 1 brin de thym
- 1 tasse (250 ml) de lait 1 %
- ¼ tasse (60 g) de fromage parmesan râpé
- Le zeste de 2 citrons non traité
- Sel et poivre noir fraîchement moulu

Cuire les pâtes al dente. Réserver. Chauffer doucement l'huile avec le thym à feu moyen-élevé. Verser le lait. Assaisonner. Retirer du feu. Jeter le brin de thym. Ajouter le parmesan et le zeste de citron tout en mélangeant. Servir sur les pâtes et garnir de saumon fumé et de persil.

Nouilles
et légumes sautés à l'orientale

2 portions

- 4,41 oz (125 g) de vermicelles de riz ou de nouilles aux œufs
- 2 poignées (100 g) de pois sucrés
- 2 c. à soupe (30 ml) de pousses de bambou
- 8 à 10 châtaignes d'eau
- 4 champignons shiitake réhydratés
- 2 oignons verts hachés
- 1 gousse d'ail hachée
- 1 c. à soupe (15 ml) de graines de citrouille
- ½ c. à thé (2 ml) d'huile de canola
- ½ c. à thé (2 ml) d'huile de noix
- 1 c. à thé (5 ml) de sauce mirin, de saké ou de vin blanc
- 7,06 oz (200 g) de flétan du Groenland
- 3,53 oz (100 g) de fruits de mer
- 1 c. à thé (5 ml) de jus de lime (facultatif)
- 1 à 2 c. à thé (5 à 10 ml) de sauce soya légère
- ½ à 1 c. à thé (2 à 5 ml) de vin de cuisson
- 1 c. à thé (5 ml) de fécule de maïs (facultatif)
- 4 feuilles de laitue chinoise

Faire cuire les nouilles dans de l'eau bouillante salée 3 à 4 minutes. Égoutter. Réserver. Couper les légumes en julienne. Hacher les graines de citrouille. Réserver. Dans un poêlon antiadhésif ou un wok, faire sauter les légumes à feu vif 2 à 3 minutes, dans de l'huile de canola, pour les attendrir. Arroser d'un trait de sauce mirin. Réserver. Ajouter un peu d'huile et faire sauter les fruits de mer et le poisson. Verser du jus de lime, si désiré, de la sauce soya et du vin de cuisson. Saupoudrer la fécule de maïs. Cuire encore 3 à 5 minutes; ajouter un peu d'eau pour créer une sauce rapide. Réserver. Réchauffer les nouilles avec les légumes sautés. Ajouter un peu d'huile, si nécessaire. Ajouter le poisson coupé en morceaux et les fruits de mer. Remuer. Garnir de graines de citrouille hachées. Servir immédiatement.

Pâtes à la sauce

au citron thym

Pâtes aux noix
et au beurre de sauge

12 unités

- 1/3 tasse (80 g) de courge poivrée cuite
- 1 c. à soupe (15 ml) de fromage parmesan râpé
- 1/3 tasse (80 g) de fromage ricotta 5 % de gras
- **1/3 tasse (80 g) de noix de Grenoble grillées**
- 1 c. à thé (5 ml) de sauge hachée fin
- 12 portions de pâtes à won ton rondes

Sauce

- 2 c. à soupe (30 ml) d'huile d'olive ou **de soya**
- 2 c. à thé (30 ml) d'huile de noix
- 4 feuilles de sauge
- 1 c. à soupe (15 ml) de beurre
- 1 à 2 c. à soupe (15 à 30 ml) de fromage parmesan râpé (facultatif)

Cuire la courge au four préchauffé à 350 °F (175 °C) pendant environ 35 à 40 minutes. Peler. Réduire en purée. Saler et poivrer légèrement. Ajouter 1 c. à soupe de parmesan, le ricotta, les noix hachées et la sauge hachée fin. Mélanger. Rectifier l'assaisonnement. Laisser reposer 1 heure au réfrigérateur. Farcir les pâtes avec de petites quantités de mélange aux noix et les sceller à l'aide d'une fourchette ou en pressant avec les doigts. Cuire dans l'eau bouillante salée 5 à 10 minutes, selon l'épaisseur des pâtes utilisées. Vers la fin de la cuisson, chauffer les huiles doucement en ajoutant l'huile de noix hors du feu. Incorporer les feuilles de sauge. Verser sur les pâtes bien chaudes.

Suggestions

Il est plus facile de faire « griller » à l'intérieur avec un ustensile en fonte à rayures que sur le BBQ. Les poissons à chair ferme (thon, espadon, bar, saumon, flétan) sont faciles à cuire de cette façon. Ceci permet une cuisson avec moins de matières grasses.

Pâtes rapides
au beurre safrané

4 portions

- **4 steaks de poisson gras (thon, truite, saumon, espadon)**
- 3 c. à soupe (50 ml) d'huile d'olive
- 2 c. à soupe (30 ml) d'huile d'olive
- **2 c. à soupe (30 ml) d'huile de canola**
- Quelques pistils de safran
- Jus et zeste d'une petite lime
- 1 c. à thé (5 ml) de feuilles d'origan
- 1 c. à thé (5 ml) de persil haché
- 4 portions de pâtes
- Légumes vapeur (haricots verts, brocoli, chou-fleur)
- Sel et poivre fraîchement moulu

Éponger le poisson préalablement nettoyé et rincé. Assaisonner. Dans un poêlon, faire griller les filets dans un peu d'huile d'olive. Réserver au chaud et recouvrir de papier aluminium. À feu doux, verser l'huile, le safran et le jus de lime. Mélanger jusqu'à ce qu'il soit coloré. Ajouter les herbes et le zeste de lime, au goût. Verser sur les pâtes al dente et sur le saumon. Accompagner de légumes vapeur.

Pâtes aux noix

et au beurre de sauge

Raviolis à l'ail
saucisses et noix

6 portions

1 pincée de safran
3,53 oz (100 g) de viande à saucisses
1 c. à thé (5 ml) d'herbes fraîches : marjolaine, fenouil
1/3 tasse (80 g) plus 2 c. à soupe (30 ml) de noix de Grenoble hachées
1/4 tasse (60 g) de parmesan
1 tasse (250 g) de ricotta faible en gras
12 pâtes à lasagne fraîches
1 blanc d'œuf
2 c. à soupe (30 ml) de persil plat haché
Sel et poivre noir moulu
1 à 2 c. à thé (5 à 10 ml) d'huile de noix
1 c. à soupe (15 ml) de basilic frais ciselé
Coulis de tomates (facultatif)

Tremper le safran dans 1 c. à thé d'eau chaude. Cuire la viande à saucisses. Dégraisser. Ajouter les herbes fraîches. Cuire quelques minutes. Retirer du feu. Ajouter les noix, le parmesan, le ricotta et le safran infusé. Rectifier l'assaisonnement. Tailler les pâtes à lasagne (non cuites) à l'aide d'un emporte-pièce. Déposer environ 1 c. à thé de farce au centre. Badigeonner les bords au blanc d'œuf. Sceller en pressant. Cuire dans de l'eau bouillante salée. Servir avec de l'huile de noix et du basilic ciselé. Accompagner d'un coulis de tomates, si désiré.

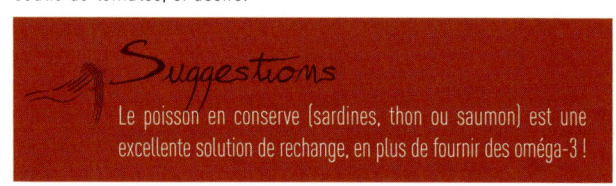

Suggestions
Le poisson en conserve (sardines, thon ou saumon) est une excellente solution de rechange, en plus de fournir des oméga-3 !

Pâtes japonaises
au gingembre et au thon grillé

4 portions

7,06 oz (200 g) de nouilles somen séchées
1/2 tasse (125 ml) de bouillon de poisson gras
12,34 oz (350 g) de thon rouge
4 c. à thé (20 ml) de graines de sésame noires
4 c. à thé (20 ml) de graines de chanvre écalées
2 c. à soupe (30 ml) de jus de lime
1 c. à soupe (15 ml) d'huile de chanvre
1 c. à thé (5 ml) d'huile de sésame
1 c. à thé (5 ml) de gingembre haché
1 gousse d'ail hachée
1 pincée de poudre wasabi (facultatif)
1/4 tasse (60 ml) de sauce soya légère

Accompagnement

4 c. à soupe (60 ml) de gingembre mariné
2 brins de ciboulette hachée

Enduire le thon de graines de sésame et de chanvre. Dans un poêlon, le faire cuire pas plus d'une minute de chaque côté. Tailler en tranches minces ou en morceaux. Conserver au chaud dans du papier d'aluminium au besoin.

Cuire les pâtes somen dans l'eau bouillante 2 minutes ou jusqu'à ce qu'elles soient tendres. Rincer sous l'eau courante et bien égoutter. Transférer dans un saladier. Verser le jus de lime sur les pâtes, l'huile de chanvre et l'huile de sésame. Ajouter le gingembre haché, l'ail et le wasabi. Servir aussitôt avec le thon, de la sauce soya et les accompagnements.

Raviolis à l'ail

saucisses et noix

Pâtes et sauces — 191

Pâtes et espadon
au saucisson Calabrese

Par portion

1 portion de pâtes
1 tranche (0,21 oz - 6 g) de saucisson Calabrese
1 tranche (2,82 oz - 80 g) d'espadon
¼ tasse (60 ml) de sauce tomate rapide
1 c. à soupe (15 ml) de fromage romano râpé
1 c. à soupe (15 ml) de vin rouge sec
1 feuille de basilic ciselé
1 c. à soupe (15 ml) d'olives noires tranchées
1 c. à soupe (15 ml) d'huile d'olive

Sauce tomate rapide
Pour environ 2 tasses de sauce

1 lb (450 g) de tomates épépinées ou l'équivalent en boîte
1 poivron rouge
2 échalotes françaises hachées
1 gousse d'ail
¼ tasse (60 ml) de vin rouge
4 c. à soupe (60 ml) de basilic haché
2 c. à soupe (30 ml) d'origan ciselé
¼ c. à thé (1 ml) de sucre brut
3 c. à soupe (50 ml) d'huile d'olive
3 c. à soupe (50 ml) d'huile de canola
Sel et poivre noir moulu

Pour la sauce : Couper les tomates et le poivron en morceaux. Dans un poêlon, faire sauter les échalotes, l'ail et les légumes à feu moyen-élevé dans un peu d'huile 3 à 4 minutes. Ajouter les herbes et le sucre. Mouiller au vin rouge. Réduire le feu. Rectifier l'assaisonnement. Mijoter 30 minutes. Ajouter un verre d'eau, si nécessaire. Passer au mélangeur puis tamiser pour affiner la sauce, si désiré. Conserver dans des contenants hermétiques ou congeler.

Cuire les pâtes al dente. Réserver. Dans un poêlon, émietter le saucisson et cuire l'escalope de poisson dans un filet d'huile d'olive. Réserver au chaud dans du papier aluminium. À feu moyen, verser une louche de sauce dans le poêlon. Verser un trait de vin, si désiré. Ajouter les pâtes. Remuer. Saupoudrer de fromage. Servir avec l'escalope entière ou tranchée en lanières, ou encore, en cubes qu'on peut mélanger avec les pâtes, si désiré. Garnir de basilic ciselé.

Pâtes et espadon

au saucisson Calabrese

Poisson et pâtes
en sauce au safran

4 portions

4 filets de saumon
2 c. à soupe (30 ml) de vin blanc sec (facultatif)
2 c. à soupe (30 ml) de vermouth (facultatif)
2 c. à soupe (30 ml) d'un mélange : moitié-moitié huile d'olive et huile **de canola**
4 portions de pâtes aux tomates
2 c. à soupe (30 ml) de persil haché
Sauce au safran

Sauce réduite en matière grasse

1 pincée de pistils de safran
3 à 4 c. à soupe (50 à 60 ml) de mayonnaise faible en gras
2 c. à thé (5 ml) de fécule de maïs
1 tasse (250 ml) de lait 1 %
Sel et poivre blanc

Sauce traditionnelle à la crème au vin blanc

1 petite échalote française
1/3 tasse (80 ml) de vin blanc sec
1/4 tasse (60 ml) de vermouth
1 tasse (250 ml) de lait 1 %
Quelques pistils de safran
2 c. à soupe (30 ml) de beurre froid
1 tasse (250 ml) de bouillon de poisson gras
Sel et poivre noir fraîchement moulu
1 pincée de poivre de Cayenne

Éponger les filets rincés. Assaisonner au goût et vaporiser d'un mélange d'huiles d'olive et de canola. Dans un poêlon cannelé, griller à feu vif 3 à 4 minutes. Verser les alcools en fin de cuisson, si désiré. Réserver au chaud. Cuire les pâtes al dente et préparer la sauce pendant ce temps. Disposer le poisson et les pâtes dans une assiette préalablement chauffée. Napper de sauce et garnir de persil haché.

Pour la sauce : Verser 1 c. à thé d'eau chaude sur les pistils de safran. Les ajouter au lait une fois bien infusés. Transvider le lait dans un bocal muni d'un couvercle étanche. Ajouter la fécule. Brasser énergiquement pour bien diluer la fécule dans le lait. Chauffer à feu moyen en fouettant jusqu'à épaississement. Incorporer la mayonnaise hors du feu. Mélanger. Servir immédiatement.

Pour la sauce traditionnelle : Hacher finement l'échalote. Chauffer le vin et le vermouth avec l'échalote. Réduire de moitié. Verser le lait. Porter à ébullition. Réduire jusqu'à ce que la sauce épaississe. Retirer du feu. Ajouter le safran. Infuser quelques minutes. Ajouter le beurre en fouettant entre les ajouts. Passer au tamis. Rectifier l'assaisonnement et ajouter du sel et du poivre au goût. Remettre sur le feu (doux). (Note : Omettre le vin lors de la cuisson du poisson.)

Poisson et pâtes

en sauce au safran

Poissons
et fruits de mer

Osez la nouveauté pour votre santé !

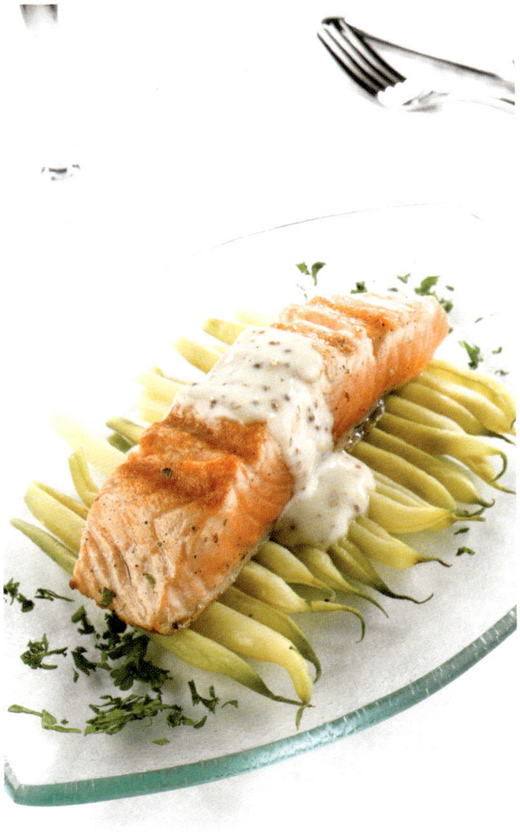

Calmars farcis
à la créole

2 à 4 portions

Sauce tomate

½ tasse (125 g) de tomates broyées
1 feuille de laurier
1 petite gousse d'ail
1 pincée de pâte de piment chili (facultatif)
1 c. à thé (5 ml) d'huile d'olive
2 c. à soupe (30 ml) de vin rouge
2 calmars moyens nettoyés
1 filet de poisson paré (1,76 oz - 50 g) (sardines ou maquereau)
2 crevettes moyennes
2 c. à thé (10 ml) d'huile d'olive
1 c. à soupe (15 ml) de persil haché
½ tasse (125 g) de riz créole cuit
1 c. à soupe (15 ml) de pignons
4 tomates cerises en dés
2 c. à soupe (30 ml) de sauce tomate
4 rondelles de citron

Riz créole

½ tasse (125 g) de riz blanc
¾ tasse (200 ml) d'eau filtrée
½ c. à thé (2 ml) de curcuma
1 petit brin de thym
Sel de mer fin

Préparer la sauce tomate avec la feuille de laurier, l'ail haché, la pâte de piment chili, l'huile d'olive et le vin rouge. Mijoter 15 minutes. Rincer les calmars. Réserver. Couper le poisson en dés. Assaisonner. Faire sauter les crevettes et les morceaux de poisson dans l'huile d'olive. Saupoudrer de persil. Mélanger avec le riz créole. Ajouter les pignons, les tomates et 2 c. à soupe de sauce tomate. Farcir les calmars. Sceller avec des brochettes. Déposer dans un plat. Napper de sauce ou badigeonner d'huile d'olive. Cuire au four à 350 ºF (175 ºC) pendant 20 minutes. Servir les calmars coupés en trois ou en quatre morceaux, garnis d'une rondelle de citron.

Laver le riz à l'eau fraîche. Porter à ébullition ¾ tasse d'eau filtrée légèrement salée. Réduire le feu au minimum. Ajouter le riz, le curcuma et le thym. Brasser. Couvrir. Cuire 20 minutes à la vapeur sans remuer.

Calmars farcis

à la créole

Poissons et fruits de mer — 199

Pizza rapide
au saumon fumé

4 portions

1 abaisse de pâte à pizza 8 ½ x 11 po (21,5 x 30,48 cm)
2 c. à soupe (30 ml) de pesto aux noix
4 tranches de saumon fumé
1 blanc de poireau haché
4 à 5 champignons de Paris
12 olives noires
4 c. à soupe (60 ml) de fromage de chèvre 6 % de gras

Pâte à pizza mince style calzone
Pour 2 pizzas

1 sachet (8 g) de levure active sèche
1 tasse (250 ml) d'eau chaude filtrée
2 tasses (500 ml) de farine de blé entier
¾ tasse (180 g) de farine régulière
1 c. à soupe (15 ml) de sucre granulé
1 c. à soupe (15 ml) d'huile de canola
1 c. à soupe (15 ml) d'huile d'olive
1 c. à thé (5 ml) de sel de mer fin

Préchauffer le four à 400 ºF (205 ºC). Étendre la pâte à pizza sur une plaque à cuisson vaporisée d'huile de canola ou d'olive, ou recouverte de papier parchemin. Badigeonner la pâte de pesto. Y déposer les tranches de saumon et le fromage de chèvre égrené. Cuire environ 25 minutes.

Dissoudre la levure dans l'eau chaude. Dans un bol en verre ou en céramique, mélanger le sucre et le sel avec les farines. Former un puits. Verser l'huile et la levure dissoute. Pétrir. Former une ou deux boules de pâte. Couvrir le bol de pellicule plastique. Laisser lever 30 minutes dans un endroit à l'abri des courants d'air.

Rouler la pâte en un rectangle de 8 ½ x 12 po – 21,5 x 30,48 cm sur une surface de travail légèrement enfarinée. Garnir selon la recette choisie ou congeler bien enveloppée dans un sac de congélation ou de la pellicule plastique.

Pizza rapide

au saumon fumé

Poissons et fruits de mer

Gratin
de poisson parmentier

2 portions

- 2 c. à thé (10 ml) de chapelure de pain
- 3 c. à soupe (50 ml) de fromage gruyère râpé
- 1 tasse (250 g) de poisson cuit (saumon, truite, sardines, hareng)
- ⅓ tasse (80 g) de purée de pommes de terre
- ½ tasse (125 ml) de sauce béchamel à base de lait 1 %
- Pincée de muscade
- Huile (pour graisser les ramequins)
- Sel et poivre noir moulu

Mélanger la chapelure avec la moitié du fromage râpé. Huiler des ramequins ou un plat à gratiner. Réduire le poisson en purée. Ajouter la purée de pommes de terre en versant quelques cuillérées de béchamel (voir recette de sauce béchamel du soufflé de poisson, à la page 208). Ajouter du fromage râpé. Assaisonner. Recouvrir de chapelure au fromage. Gratiner au four préchauffé à 400 ºF (205 ºC), pendant 5 minutes. Servir avec une salade.

Filet de saumon
grillé à l'orange

1 portion

- ½ tasse (125 ml) de jus d'une orange moyenne
- 2 tranches d'ananas
- 1 c. à thé (5 ml) d'huile de soya
- 1 c. à soupe (15 ml) de vin blanc sec
- ½ c. à thé (2 ml) de baies de poivre rose
- 1 ½ c. à thé (7 ml) de fécule de maïs
- 1 darne (4,41 oz - 125 g) de saumon avec la peau
- 1 c. à thé (5 ml) d'huile d'olive ou de canola
- Sel de mer fin
- Poivre noir moulu

Presser une orange pour en extraire le jus. Couper les tranches d'ananas en deux. Badigeonner d'huile de soya. Cuire dans une poêle cannelée environ 3 minutes de chaque côté. Réserver au chaud dans du papier aluminium. Pour faire la sauce, chauffer la moitié du jus et le vin blanc, parfumer avec les baies et mélanger la fécule avec l'autre moitié de jus d'orange. Poêler le filet de saumon dans l'huile d'olive ou de l'huile de canola pendant 3 à 4 minutes de chaque côté, selon l'épaisseur. Servir avec du riz sauvage ou une salade verte.

Suggestions

Utilisez 1 c. à soupe de concentré de jus d'orange congelé mélangé avec de l'eau filtrée si vous n'avez pas d'orange sous la main.

Gratin

de poisson parmentier

Poissons et fruits de mer 203

Escalopes de saumon
à la réglisse

2 portions

1 filet de saumon (10,59 oz - 300 g)
1 ½ c. à soupe (23 ml) d'huile d'olive
Sel et poivre fraîchement moulu

Sauce

½ tasse (125 ml) de fumet de moules
½ tasse (125 ml) de lait 1 %
1 c. à soupe (15 ml) d'huile de canola ou de soya
1 c. à soupe (15 ml) de farine
½ tasse (125 g) de bébés épinards
4 à 6 cachous (pastilles à la réglisse)
Sel et poivre fraîchement moulu

Roux

1 c. à soupe (15 ml) de farine
1 c. à soupe (15 ml) d'huile de canola ou de soya

Couper le filet de saumon de manière à en obtenir quatre escalopes. Assaisonner. Cuire seulement 1 côté des escalopes dans l'huile pendant environ 1 à 2 minutes. Réserver au chaud. Chauffer le fumet de moules et le lait. Ajouter les épinards. Réduire au mélangeur. Remettre sur le feu. Chauffer à feu moyen-élevé. Mélanger la farine avec l'huile pour faire un roux. Ajouter le mélange de farine et les cachous. Fouetter. Retirer du feu. Assaisonner. Disposer les escalopes sur les assiettes. Napper de sauce. Garnir avec des légumes verts crus ou vapeur : haricots verts, carottes ou céleri-rave.

Suggestions
Si vous ne pouvez vous procurer des cachous dans une épicerie fine, remplacez-les par un petit morceau de friandise à la réglisse (dur ou tendre d'environ 1 po - 2,54 cm) que vous ajouterez à la sauce chaude. Vérifiez la saveur obtenue et retirez le bonbon avant de passer au mélangeur.

Poisson
en papillote

1 portion

1 filet de maquereau paré (3,53 oz - 100 g)
Légumes variés en julienne (carottes, oignons verts, laitue chinoise, asperges)
2 champignons shiitake
½ c. à thé (2 ml) d'huile d'olive
½ c. à thé (2 ml) de graines de lin moulues
1 c. à thé (5 ml) de graines de chanvre écalées

Préchauffer le four à 400 ºF (200 ºC). Couper une longueur de papier parchemin de 24 po (60 cm) ou moins, selon la façon dont seront formés les plis de fermeture. Vaporiser d'huile l'intérieur et extérieur du papier. Couper les légumes plus ou moins finement selon la grosseur et la variété. Étendre sur le papier parchemin. Badigeonner les légumes d'huile d'olive. Déposer le poisson par-dessus. Vaporiser d'huile d'olive. Emballer le tout en formant des plis ou en papillote, en serrant aux deux extrémités pour bien les fermer. Cuire environ 10 à 15 minutes sur une plaque à cuisson. L'enveloppe de papier gonflera et brunira légèrement. Le poisson cuit dans son jus. Couper le filet de maquereau au centre et servir immédiatement. Saupoudrer de graines de lin moulues et de graines de chanvre écalées au moment de servir.

Escalopes de saumon

à la réglisse

Poissons et fruits de mer

Fondue au poisson
et fruits de mer

4 portions

Choix de poissons gras

| Saumon |
| Truite |
| Bar |
| Thon |

Choix de fruits de mer

| Crevettes |
| Pétoncles |
| Calmars |

Choix de légumes

| Poivrons |
| Asperges |
| Champignons |

Bouillon

| 1 ½ tasse (375 ml) de bouillon de poulet |
| 1 ½ tasse (375 ml) de fumet de poisson gras |
| ¼ tasse (60 ml) de vin blanc sec (facultatif) |
| 1 bouquet garni |
| 2 oignons verts |
| 1 gousse d'ail |
| Quelques pistils de safran (facultatif) |
| Pincée de poivre de Cayenne |

Afin de le couper plus facilement, mettre le poisson au congélateur environ 15 minutes. Couper les filets en cubes ou en fines lanières. Disposer dans une assiette de service. Réserver au froid. Couper les légumes en bouchées. Porter le bouillon à ébullition quelques minutes. Verser le vin, au goût. Ajouter les herbes et les condiments. Transférer dans le plat à fondue.

Pour une bonne mayonnaise maison, suivre la recette à la page 36.

> **Suggestions**
>
> Si vous aimez le goût du citron avec les poissons et fruits de mer, grillez quelques demi-citrons que vous offrirez aux convives, ou encore, ajoutez-les au bouillon.

Brochettes
de poisson chermoula

4 portions

| 14,12 oz (400 g) de poisson gras à chair ferme (thon, espadon, saumon) |
| 7,06 oz (200 g) de grosses crevettes |
| Légumes variés (poivrons, oignons) |

Chermoula

| 2 c. à soupe (30 ml) de jus de citron frais |
| 8 c. à thé (40 ml) d'huile d'olive |
| 1 c. à thé (5 ml) de cumin moulu |
| 1 c. à thé (5 ml) de coriandre moulue |
| 1 c. à thé (5 ml) de paprika |
| 2 c. à soupe (30 ml) de feuilles de menthe |
| 1 c. à soupe (15 ml) de zeste de citron |

Mouiller les ingrédients de la chermoula avec le jus de citron et l'huile d'olive. Tailler le poisson en cubes. Faire mariner au frais les crevettes et les cubes de poisson dans la chermoula pendant 30 minutes à 1 heure, en les retournant de temps à autre. Utiliser des brochettes de bois qui ont préalablement trempé dans l'eau et les garnir en alternant cubes de poisson, crevettes et légumes au choix. Griller dans une poêle cannelée environ 4 à 5 minutes. Badigeonner de chermoula pendant la cuisson. Servir avec du couscous ou du riz.

Fondue au poisson
et fruits de mer

Poissons et fruits de mer 207

Soufflé
de poisson

2 portions

Sauce béchamel à base de lait 1 %
2,64 oz (75 g) de poisson cuit
(saumon, truite, maquereau, thon, hareng, sardines)
2 œufs oméga-3
Ciboulette séchée
1 noix de muscade
Sel et poivre noir moulu

Sauce béchamel

Roux
1 c. à soupe (15 ml) de farine
1 c. à soupe (15 ml) d'huile de canola
1 tasse (250 ml) de lait 1 %
Pincée de muscade
Sel et poivre

Faire un roux avec l'huile et la farine. À feu moyen-élevé, ajouter le lait bouillant et mélanger à l'aide d'un fouet jusqu'à épaississement. Assaisonner. Garder la sauce épaisse à feu doux. Monter les blancs en neige pour qu'ils soient fermes. Réserver. Effilocher le poisson à l'aide d'une fourchette. Ajouter de la ciboulette, si désiré. Déposer dans un faitout. Chauffer à feu moyen-élevé. Ajouter la même quantité de béchamel pour rendre le mélange velouté. Assaisonner. Ajouter une pincée de muscade. Retirer du feu quand le mélange est bouillant. Ajouter les jaunes d'œufs. Bien mélanger. Incorporer les blancs d'œufs délicatement. Remplir les ramequins. Cuire au four préchauffé à 300 ºF (150 ºC) environ 20 minutes. Servir immédiatement.

Thon braisé
aux champignons

1 portion

2 tomates
½ poivron rouge
1 oignon vert
1 filet de thon de 4,41 oz (125 g)
1 c. à thé (5 ml) d'huile d'olive
1 petit oignon jaune tranché
⅓ tasse (80 ml) de vin blanc sec
⅓ tasse (80 ml) de bouillon de légumes ou de poulet bio
1 c. à thé (5 ml) de farine
Sel et poivre moulu
2 à 3 champignons (cèpes, pleurotes)
1 c. à thé (5 ml) d'huile d'olive

Faire une entaille dans les tomates et les ébouillanter 1 minute. Peler et couper les tomates en quatre. Couper le poivron et l'oignon vert. Réduire les légumes en purée à l'aide d'un mélangeur. Rectifier l'assaisonnement. Transvider dans un petit chaudron pour réchauffer un peu plus tard au moment de servir. Faire cuire le filet de thon dans l'huile d'olive 1 minute de chaque côté. Incorporer l'oignon tranché. Mouiller au vin blanc et au bouillon de légumes. Saupoudrer de la farine sur le bouillon. Mélanger et assaisonner. Couvrir et braiser 10 à 15 minutes (à feu doux). Déposer le poisson et son jus de cuisson dans une assiette creuse couverte de papier d'aluminium. Faire sauter les champignons dans l'huile d'olive. Verser la purée réchauffée dans une assiette de service. Déposer le thon. Garnir avec les champignons sautés.

Soufflé

de poisson

Souvlakis
d'espadon

2 portions

10,59 oz (300 g) de filets d'espadon
1 c. à soupe (15 ml) d'huile d'olive
1 c. à soupe (15 ml) d'huile de canola
1 c. à soupe (15 ml) de jus de citron
1 c. à soupe (15 ml) d'origan haché
1 c. à soupe (15 ml) de persil haché
1 c. à soupe (15 ml) de menthe hachée
1 gousse d'ail
½ c. à thé (2 ml) de cumin en poudre (facultatif)
½ c. à thé (2 ml) de paprika
½ poivron de couleur
8 oignons rouges perlés
6 tomates cerises

Accompagnement

½ concombre anglais ou ½ tasse d'épinards hachés
½ tasse (125 ml) de yogourt nature
1 c. à soupe (15 ml) de menthe hachée
1 c. à soupe (15 ml) de coriandre (facultatif)
½ c. à thé (2 ml) d'ail dégermé et broyé
Sel et poivre noir moulu

Faire tremper les brochettes de bois dans de l'eau pendant 1 heure avant de les utiliser. Couper les filets d'espadon en cubes et les déposer dans un bol. Verser l'huile et le jus de citron et ajouter les herbes, l'ail et les épices. Mélanger pour bien enrober. Mariner 30 minutes. Couper le poivron, les oignons et les tomates en morceaux. Préparer l'accompagnement. Couper le concombre en dés grossiers. Transférer dans un bol avec le yogourt. Ajouter les herbes et l'ail. Mélanger. Assaisonner. Conserver au réfrigérateur. Embrocher les légumes en alternant avec le poisson. Griller dans une poêle cannelée, en tournant les brochettes. Badigeonner de la marinade pendant la cuisson. Servir avec du pain pita et le yogourt au concombre.

Filet de bar
au cidre

2 portions

7,06 oz (200 g) de filets de bar
Sel et poivre fraîchement moulu
1 blanc de poireau émincé
2 pommes Cortland tranchées
1 feuille de laurier
1 brin de thym
½ tasse (125 ml) de cidre brut
Le jus d'un citron moyen
1 c. à soupe (15 ml) d'huile de soya
1 c. à soupe (15 ml) de farine (Kamut, blé entier)
½ tasse (125 ml) de lait 1 %

Préchauffer le four à 375 °F (190 °C). Huiler légèrement un plat de cuisson. Assaisonner le poisson. Déposer le poireau sur les pommes en tranches. Ajouter les herbes et le poisson. Mouiller au cidre. Recouvrir de papier d'aluminium. Cuire de 20 à 25 minutes. Récupérer le jus de cuisson. Faire un roux avec la farine et l'huile. Chauffer le lait. Ajouter le roux. Fouetter. Réduire le feu quand la sauce a épaissi. Napper le poisson de sauce ou la servir à part. Faire une purée avec les pommes cuites au mélangeur en ajoutant 2 à 3 cuillères de jus de cuisson. Servir en accompagnement avec des pommes de terre grelot.

Souvlakis

d'espadon

Truite grillée
en sauce à la lime

2 portions

- 2 filets de truite avec la peau (7,06 oz - 200 g)
- 1 ½ à 2 c. à thé (7 à 10 ml) de zeste de lime
- Poivre noir moulu
- Huile d'olive
- 1 ½ c. à thé (7 ml) de jus de lime

Sauce à la lime

- ½ tasse (125 ml) de fromage cottage 2 % de gras
- ⅛ tasse (30 ml) de lait écrémé évaporé
- 1 c. à soupe (15 ml) d'eau filtrée
- 1 c. à thé (5 ml) de jus de lime
- 2 feuilles de basilic thaïlandais
- 1 c. à thé (5 ml) de zeste de lime
- 1 ½ c. à thé (7 ml) de fécule de maïs
- Poivre blanc
- Sel de mer fin

Rincer et éponger les filets de truite. Assaisonner de zeste de lime et de poivre noir moulu grossièrement en pressant avec une spatule. Chauffer dans un poêlon cannelé l'huile d'olive et griller les filets à feu moyen-élevé pendant 4 minutes (ou au goût), côté peau dans le poêlon. Arroser d'un filet de jus de lime. Réserver au chaud recouvert de papier d'aluminium.

Préparation de la sauce : Réduire le fromage cottage et le lait évaporé au mélangeur avec la fécule, le jus de lime, le basilic haché et le zeste. Ajouter de l'eau ou du lait évaporé selon l'onctuosité désirée. Dans une petite casserole, chauffer la sauce à feu doux 2 à 3 minutes en remuant. Assaisonner. En napper le poisson. Servir aussitôt.

Poisson blanc
poché style thaïlandais

2 portions

- 7,06 à 8,81 oz (200 à 250 g) de flétan
- ½ c. à thé (2 ml) de piment chili
- 1 c. à thé (5 ml) de coriandre moulue
- 2 graines d'anis étoilé moulues
- Huile de canola et huile de sésame
- 2 oignons verts hachés
- 1 gousse d'ail
- ½ c. à thé (2 ml) de gingembre râpé
- ⅓ tasse (80 ml) de bouillon de légumes
- 1 c. à thé (5 ml) de sauce de poisson
- 3 c. à soupe (50 ml) de lait de coco
- 1 c. à thé (5 ml) de jus de lime
- ½ c. à thé (2 ml) de citronnelle râpée (facultatif)
- Brins de coriandre fraîche

Accompagnement

- Vermicelles ou riz
- Légumes crus ou sautés (poivrons de couleur, par exemple)

Trancher le poisson en cubes. Chauffer un poêlon et griller les épices quelques minutes. Ajouter de l'huile de sésame et de l'huile de canola. Faire sauter l'oignon vert. Ajouter l'ail, la citronnelle et le gingembre. Cuire le poisson durant 2 minutes, à feu élevé. Réserver au chaud. Réduire le feu. Verser le bouillon, la sauce de poisson, le lait de coco et incorporer le jus de lime dans une petite casserole. Mijoter 5 minutes. Servir la sauce sur le poisson avec des vermicelles ou du riz et des légumes crus ou sautés. Garnir de coriandre fraîche, si désiré.

Informations de la Dre D'Aoust

Le lait de coco ne doit pas être confondu avec l'eau de coco. L'eau de coco est contenue dans la noix de façon naturelle alors que le lait est fabriqué. Il provient du broyage de la pulpe de la noix de coco mélangée avec de l'eau bouillante.

Le lait de coco contient beaucoup de gras saturés et peu de calcium contrairement au lait de vache. Il est également plus calorique. Il ne faut donc pas le considérer comme un équivalent au lait de vache sur le plan nutritionnel.

C'est un aliment intéressant à incorporer dans les recettes, mais avec modération bien entendu ! Quant à l'eau de coco, elle est peu calorique et ne contient pas de gras saturés.

Truite grillée

en sauce à la lime

Poissons et fruits de mer   213

Filet de saumon
sauce moutarde

4 portions

4 filets de saumon (4,41 oz - 125 g chacun)
2 c. à thé (10 ml) d'huile de canola
2 c. à thé (10 ml) d'huile d'olive
1 c. à soupe (15 ml) de persil haché

Sauce à la moutarde

Roux
1/4 tasse (60 g) de farine
4 c. à soupe (60 ml) d'huile de canola
1 1/4 tasse (330 ml) de lait 1 %
2 c. à soupe (30 ml) de moutarde de Dijon ou à l'ancienne

Faire un roux avec la farine et l'huile. Verser le lait. Porter à ébullition tout en fouettant. Ajouter la moutarde quand la sauce épaissi. Rectifier l'assaisonnement. Dans une poêle cannelée, griller les filets dans le mélange d'huiles. Servir avec la sauce.

> **Suggestions**
> La sauce à la moutarde peut accompagner plusieurs sortes de poissons gras et de légumes vapeur.

Poisson aux épinards
et sauce cresson

4 portions

17,65 oz (500 g) de filets de saumon
1 tasse (250 ml) de bouillon de légumes
6 oz (180 g) d'épinards
2 c. à thé (10 ml) ou à soupe (30 ml) d'huile d'olive (au goût)
Sel et poivre

Sauce au cresson

1 botte de cresson
1 petite échalote française hachée
1 petite gousse d'ail hachée
2 c. à soupe (30 ml) d'huile d'olive
1 1/4 tasse (310 ml) de lait 1 %
3/4 tasse (200 ml) de bouillon de légumes
2 c. à soupe (30 ml) de farine
Sel et poivre

Nettoyer et essorer le cresson. Dans une casserole, faire revenir l'échalote dans l'huile d'olive. Ajouter l'ail et le cresson. Remuer. Cuire jusqu'à ce qu'ils soient tendres. Retirer du feu. Verser le lait et le bouillon tout en mélangeant. Assaisonner. Mélanger dans un robot culinaire ou à l'aide d'un mélangeur. Ajouter la farine en pluie. Remettre sur le feu. Porter à ébullition en fouettant. Retirer du feu une fois la sauce épaissie. Laisser tiédir. Remettre sur le feu pour servir avec le poisson. Couper et jeter les tiges des épinards. Sauter dans l'huile d'olive pour les attendrir. Réserver. Assaisonner le poisson. Pocher dans le bouillon de légumes environ 6 à 8 minutes, selon l'épaisseur et la cuisson désirée. Déposer le poisson sur les épinards et napper de sauce au cresson.

Filet de saumon

sauce moutarde

Poissons et fruits de mer

Tartare
de truite à la poire

2 portions

1 filet de truite en dés (8,81 à 10,59 oz - 250 à 300 g)
1 petite poire ferme en dés (Bosc, asiatique)
1 c. à soupe (15 ml) d'échalote française
2 à 3 feuilles de menthe fraîche
1 c. à soupe (15 ml) d'huile d'olive
1 c. à soupe (15 ml) d'huile de canola
1 c. à soupe (15 ml) de jus de citron
1 c. à thé (5 ml) de gingembre haché
Sel et poivre vert fraîchement moulu
Cresson ou mesclun

Enlever la peau et les arêtes du filet. Le couper en petits dés. Couper la poire en dés. Couper l'échalote très finement. Ciseler la menthe. Dans un bol en verre ou en inox, mélanger tous les autres ingrédients. Préparer le tartare à l'aide d'un emporte-pièce dans l'assiette de service sur un mélange de mesclun ou du cresson. Réfrigérer 20 à 30 minutes, si désiré, et ajouter d'autre jus de citron au moment de servir.

Escalopes de saumon
en sauce à la ciboulette

2 portions

2 escalopes de saumon (6 oz - 150 g)
2 c. à thé (10 ml) d'huile d'olive
Sel et poivre noir fraîchement moulu

Roux

2 c. à thé (10 ml) d'huile de canola
2 c. à thé (10 ml) de farine régulière

Sauce crémeuse à la ciboulette

½ tasse (125 ml) de fumet de poisson
1 c. à thé (5 ml) d'échalote française hachée
½ tasse (125 ml) de lait 1 %
1 ½ c. à thé (375 ml) de ciboulette ciselée
Sel et poivre noir fraîchement moulu

Mélanger l'huile et la farine pour faire un roux. Pour la préparation de la sauce, chauffer le fumet avec l'échalote à feu moyen-élevé. Filtrer. Verser le lait et amener doucement à ébullition. Retirer du feu. Ajouter le roux tout en fouettant. Assaisonner. Incorporer la ciboulette. Réserver au chaud. Rincer et éponger le poisson. Assaisonner. Griller un seul côté très rapidement (environ 15 secondes) dans un poêlon cannelé avec un peu d'huile d'olive. Servir avec la sauce tout autour.

Tartare

de truite à la poire

Poissons et fruits de mer

Darnes de saumon
à l'ail confit

2 portions

2 darnes de saumon (8,81 oz - 250 g)
2 têtes d'ail
4 c. à soupe (60 ml) de graisse de canard
2 pommes de terre moyennes
2 jeunes carottes
4 brins de ciboulette
Sel et poivre

Préchauffer le four à 300 °F (150 °C). Badigeonner les gousses d'ail épluchées de graisse de canard et les étaler dans un plat allant au four. Cuire environ 45 minutes jusqu'à ce qu'elles soient tendres; confites.

Cuire les pommes de terre et les carottes à la vapeur pour qu'elles ne soient qu'à moitié cuites. Égoutter. Trancher les pommes de terre en bouchées et les carottes, au goût. Réserver dans du papier d'aluminium. Cuire le saumon dans un peu de graisse de canard environ 8 à 10 minutes selon la cuisson désirée. Faire revenir les légumes aussi dans la graisse de canard. Parsemer de ciboulette. Servir avec une salade verte.

Informations de la Dre D'Aoust

Sur le plan nutritionnel, le gras de canard se situe à mi-chemin entre le beurre et l'huile d'olive ou de canola. En effet, il contient moins de graisses saturées que le beurre mais pas autant de gras monoinsaturés que les huiles d'olive et de canola. Alors, profitez de son goût plutôt que de ses qualités nutritives lorsque vous l'utiliserez. Le reste du temps, privilégiez plutôt les huiles riches en gras mono et polyinsaturés qui sont plus bénéfiques pour la santé de votre cœur.

Escabèche
de poisson à l'ancienne

2 portions

1 filet de bar (7,06 oz - 200 g)
1 pincée de sel
3 c. à soupe (50 ml) d'huile d'olive

Marinade

1 sac d'oignons perlés (10 oz - 284 g)
1 petite carotte
8 c. à soupe (120 ml) de vinaigre de vin blanc
1 pincée de safran
1 feuille de laurier
1 pincée de graines de cumin
¾ tasse (200 ml) de vin blanc

Saler le filet de bar préalablement coupé en deux. Faire cuire les morceaux de filet dans l'huile environ 3 minutes. Transférer dans une assiette creuse. Préparer la marinade. Couper les oignons en rondelles très fines. Cuire les oignons et la carotte dans le poêlon ayant servi à cuire les filets de bar. Déglacer au vinaigre de vin. Ajouter le safran, la feuille de laurier et le cumin. Cuire 5 minutes à feu moyen. Mouiller au vin blanc. Porter à ébullition. Verser sur le poisson. Macérer 24 heures au réfrigérateur. Servir froid ou chambré.

Darnes de saumon

à l'ail confit

Poissons et fruits de mer — 219

Filet de sole
en kimono

1 portion

1 petite tomate cerise
1 filet de sole (4,41 oz - 125 g)
¼ c. à thé (2 ml) d'huile de soya ou de canola
1 tasse (250 ml) de bouillon de légumes (facultatif)
Sel et poivre noir fraîchement moulu
1 galette de riz
1 brin de ciboulette
2 feuilles de cerfeuil
1 c. à soupe (15 ml) d'huile de citrouille
¼ à ½ c. à thé (1 à 2 ml) de sauce soya légère

Découper la pelure de la tomate cerise en exécutant un mouvement circulaire. Réserver. Saler et poivrer le filet d'un côté. Cuire dans un poêlon recouvert de papier parchemin légèrement huilé (avec ¼ c. à thé d'huile de soya), 3 à 4 minutes de chaque côté ou pocher dans 1 tasse de bouillon de légumes chaud, 4 à 5 minutes selon l'épaisseur. Tremper la galette de riz 1 minute dans l'eau tiède. Déposer sur un linge humide. Déposer le brin de ciboulette et les 2 feuilles de cerfeuil au centre du filet. Confectionner une fleur avec la pelure de tomate. Envelopper le filet de poisson avec la galette de riz en refermant sous le filet. Servir avec un filet d'huile de citrouille et de la sauce soya légère.

Suggestions
Variez cette recette avec un autre poisson blanc tel la morue ou le bar.

Tartare de thon
et pétoncles à la coriandre

2 à 3 portions

5,5 oz (150 g) de thon frais
5,5 oz (150 g) de pétoncles
1 c. à soupe (15 ml) de jus de lime
1 pincée de chili en poudre
2 c. à thé (10 ml) d'huile de chanvre
2 oignons verts hachés finement
2 c. à soupe (30 ml) de céleri haché finement
Sel et poivre fraîchement moulu
½ c. à thé (2 ml) de persil haché finement
2 feuilles d'algue nori (facultatif)

Rincer et essuyer le thon et les pétoncles. Couper en petits dés. Transférer le tout dans un saladier. Verser le jus de lime. Mélanger en soulevant les dés. Saupoudrer de chili, au goût. Assaisonner légèrement. Ajouter l'huile, les oignons et le céleri. Assaisonner. Mélanger. Réserver au réfrigérateur 30 minutes à 1 heure (on peut aussi le servir immédiatement). Égoutter le mélange de poisson. Ajouter le persil et assaisonner. Servir sur une algue nori (à sushi).

Filet de sole

en kimono

Saumon grillé
au fromage de chèvre

1 portion

1 filet de saumon sans peau (3,53 oz - 100 g)
Huile de canola
¼ tasse (60 ml) de fromage de chèvre léger
1 c. à soupe (15 ml) de moutarde à l'ancienne
Brin d'estragon
Sel et poivre noir moulu

Préchauffer le four à 375 ºF (190 ºC). Rincer le filet de saumon. Huiler un plat allant au four avec l'huile de canola. Inciser le filet de chaque côté sans percer la peau. Mettre du fromage à l'intérieur des incisions. Badigeonner les deux côtés du filet de moutarde. Saler et poivrer. Déposer le brin d'estragon sous le filet. Cuire 10 à 15 minutes, selon la cuisson désirée. Servir avec des légumes vapeur ou une salade croquante.

Suggestions

Utilisez une poêle cannelée pour griller le poisson à la façon barbecue. Parsemez de baies de poivre rose pour un petit goût relevé se rapprochant de l'aneth. Si vous n'aimez pas l'estragon, ajoutez un brin de romarin ou un peu de ciboulette fraîche, environ ½ c. à thé ou ¼ c. à thé si elle est séchée.

Filet citronné
express

1 portion

1 filet (5,28 oz - 150 g) de poisson gras à chair ferme (saumon, thon, bar, espadon)
1 c. à soupe (15 ml) d'huile d'olive
2 c. à soupe (30 ml) de persil plat haché
2 c. à soupe (30 ml) de zeste de citron
2 c. à soupe (30 ml) de jus de citron
Sel et poivre noir moulu

Chauffer un poêlon cannelé. Vaporiser d'huile d'olive. Ajouter du persil et du zeste de citron. Cuire 1 minute en remuant. Assaisonner le filet de poisson. Augmenter la chaleur. Cuire le poisson 2 minutes de chaque côté; verser du jus de citron en fin de cuisson. Servir avec des légumes ou une salade verte.

Saumon grillé

au fromage de chèvre

Brochettes de poisson
et crevettes à la mangue

4 portions

10,59 oz (300 g) de bar
8 crevettes
1 à 2 mangues
4 oignons verts

Marinade

1 c. à soupe (15 ml) de jus de citron
3 c. à soupe (50 ml) d'huile d'olive
1 c. à soupe (15 ml) de persil frais haché
1 c. à soupe (15 ml) de fenouil frais haché
½ c. à thé (2 ml) de gingembre râpé (facultatif)
Poivre noir fraîchement moulu

Sauce à la mangue

½ mangue
1 c. à soupe (15 ml) de miel (facultatif)
1 petite gousse d'ail
½ tasse (125 ml) de jus d'orange
1 c. à thé (5 ml) de sauce soya légère
Quelques gouttes de Tabasco

Tremper les brochettes dans l'eau au préalable. Mariner durant 15 minutes le poisson et les crevettes dans la marinade faite de jus de citron, d'huile d'olive et d'herbes hachées. Couper la mangue en cubes. Préparer la sauce à l'aide d'un mélangeur en versant tous les ingrédients avec ce qui reste de mangue fraîche. Chauffer la sauce à feu doux. Préparer les brochettes en alternant oignon vert, poisson, crevettes et mangue. Griller les brochettes au four environ 6 à 8 minutes. Retourner quelques fois.

Filet de flétan
sauce curry

4 portions

4 filets de flétan (17,65 oz - 500 g)
2 c. à soupe (30 ml) d'huile d'olive
2 tasses (500 g) de bébés épinards
1 oignon rouge
4 c. à thé (20 ml) de graines de pavot
Sel et poivre noir fraîchement moulu

Sauce

2 c. à thé (10 ml) de fécule de maïs
1 tasse (250 ml) de bouillon de poisson gras
1 échalote française hachée
1 c. à thé (5 ml) d'huile d'olive
1 c. à soupe (15 ml) de curry
½ c. à thé (2 ml) de curcuma (facultatif)
Sel et poivre noir fraîchement moulu
1 c. à soupe (15 ml) de jus de citron (facultatif)

Suggestions
Variez la sauce en incorporant du yogourt nature ou du lait écrémé.

Rincer et éponger les filets. Assaisonner. Chauffer un peu d'huile d'olive dans un poêlon cannelé. Cuire les filets 3 à 4 minutes ou selon la cuisson désirée et l'épaisseur. Recouvrir les filets de poisson de graines de pavot. Réserver au chaud dans du papier d'aluminium.

Pour la sauce, mélanger la fécule avec 1 c. à soupe de bouillon. Réserver. Faire suer l'échalote hachée dans l'huile d'olive, à feu moyen-doux. Ajouter les épices quand elle est devenue transparente mais non brunie. Mouiller au bouillon. Amener à ébullition. Verser le mélange de fécule. Fouetter. Verser le jus de citron. Assaisonner. Nettoyer les épinards. Trancher l'oignon. Faire sauter dans un filet d'huile d'olive quelques minutes. Chauffer les assiettes de service. Déposer le filet de poisson. Servir avec la sauce chaude dans l'assiette et la salade d'épinards en accompagnement.

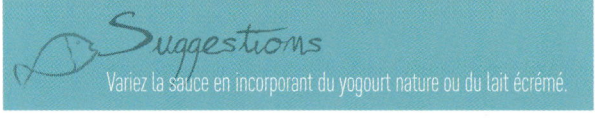

Brochettes de poisson

et crevettes à la mangue

Poissons et fruits de mer

Mijotés et ragoûts

Savourez la chaleur et le réconfort!

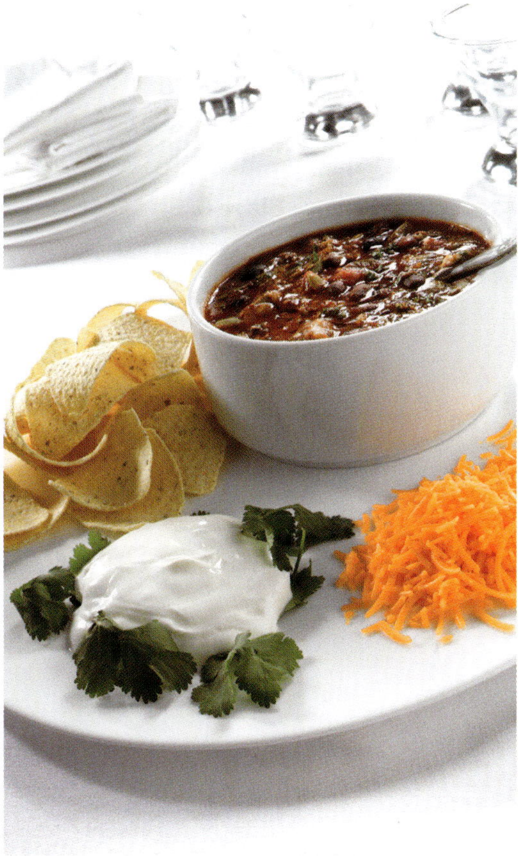

Ragoût
de fruits de mer espagnol

4 portions

2 tasses (500 ml) d'eau filtrée
½ tasse (125 ml) de vin blanc sec
16 oz (454 g) de moules
16 oz (454 g) de grosses palourdes
1 oignon haché
2 c. à soupe (30 ml) d'huile d'olive
1 c. à soupe (15 ml) d'huile de canola
1 c. à soupe (15 ml) de jus de citron
1 tasse (250 g) de tomates en conserve
4 à 5 pistils de safran
¼ tasse (60 ml) de sherry ou de vin rouge
8 oz (227 g) de crevettes moyennes
4 à 6 langoustes cuites
12 oz (340 g) de calmars tranchés
8 oz (227 g) de morue
1 tasse (250 g) de riz à grains longs cuit
2 c. à soupe (30 ml) de persil plat haché
Quelques gouttes de Tabasco
2 gousses d'ail dégermées
1 feuille de laurier
Sel et poivre fraîchement moulu

Mélange d'huiles : ¼ c. à thé (1 ml) d'huile de lin et 2 c. à soupe (30 ml) au choix : huile de chanvre, de citrouille, de soya ou d'olive (facultatif)

Dans un chaudron, verser le vin avec les 2 tasses d'eau et cuire les moules et les palourdes à feu élevé environ 4 minutes, à couvert. Jeter les fruits de mer dont la coquille ne s'est pas ouverte. Extraire les moules et les palourdes de leurs coquilles, puis jeter les coquilles. Filtrer l'eau de cuisson. Réserver. Faire suer doucement l'oignon haché dans le chaudron, dans l'huile d'olive et de canola. Verser l'eau de cuisson filtrée. Ajouter les calmars, le jus de citron, les tomates, le Tabasco, l'ail, le safran, la feuille de laurier et le sherry. Porter à ébullition, puis réduire le feu en laissant mijoter encore 10 minutes. Incorporer les crevettes, les langoustes, la morue tranchée et le riz cuit. Remuer. Poursuivre la cuisson 10 minutes en ajoutant le persil. Ajouter un peu d'eau, si nécessaire. Verser un filet de mélange d'huiles au moment de servir.

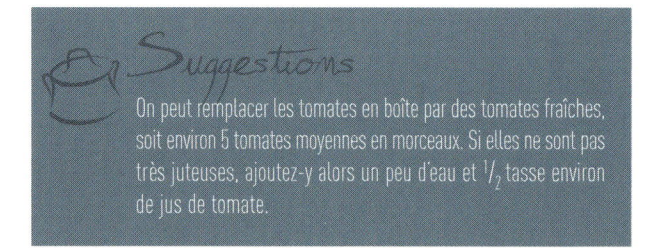

Suggestions

On peut remplacer les tomates en boîte par des tomates fraîches, soit environ 5 tomates moyennes en morceaux. Si elles ne sont pas très juteuses, ajoutez-y alors un peu d'eau et ½ tasse environ de jus de tomate.

Ragoût

de fruits de mer espagnol

Mijoté
à la portugaise

4 à 6 portions

- 3,5 oz (100 g) de sardines ou maquereau
- 5 oz (150 g) de lotte ou de pétoncles
- 2 c. à soupe (30 ml) de saumon fumé
- 1 oignon jaune haché
- 1 c. à thé (5 ml) d'huile d'olive
- 1 c. à thé (5 ml) d'huile de canola
- 3 tasses (750 ml) de fumet de poisson ou de bouillon de poulet
- ½ tasse (125 ml) de vin blanc sec
- 4 tomates séchées hachées
- 2 gousses d'ail hachées
- 2 tasses (500 g) de tomates en boîte
- 1 tasse (125 g) de poivrons de couleur
- ¾ tasse (180 g) de riz rond, cuit
- 1 feuille de laurier
- 2 c. à soupe (30 ml) de persil haché
- 5 oz (150 g) de crevettes
- Quelques gouttes de Tabasco
- Sel et poivre moulu
- Mélange d'huiles : 1 c. à soupe (15 ml) d'huile d'olive + ¼ c. à thé (1 ml) d'huile de lin (facultatif)

Couper les sardines, la lotte et le saumon fumé en bouchées. Dans un chaudron, faire sauter l'oignon dans le mélange d'huiles d'olive et de canola. Verser le fumet de poisson (voir dans la section Soupes et potages, à la page 122). Ajouter tous les ingrédients restants, sauf les crevettes et les pétoncles. Laisser mijoter de 30 à 40 minutes. Ajouter les crevettes et les pétoncles en fin de cuisson (3 à 4 minutes). Rectifier l'assaisonnement en ajoutant du sel et du poivre et quelques gouttes de Tabasco, au goût. Ajouter un peu d'eau, si nécessaire. Verser un filet de mélange d'huiles au moment de servir.

Mijoté

à la portugaise

Mijotés et ragoûts   231

Mijoté
au chocolat

4 à 6 portions

2 tasses (500 ml) de bouillon de poulet
3 tasses (750 g) de tomates en morceaux
2 courgettes (jaune et verte)
2 poivrons verts moyens
1 lb (450 g) de poissons mélangés (maquereau, hareng, thon)
½ tasse (125 g) d'un mélange de noix et graines (citrouille, tournesol, noix de Grenoble)
2 gousses d'ail hachées
2 oignons moyens hachés
½ c. à thé (2 ml) de coriandre moulue
1 pincée de clou de girofle
½ c. à thé (2 ml) de cannelle
⅛ c. à thé de curcuma
½ c. à thé (2 ml) de cumin
⅛ c. à thé de piment chili Chipotle en poudre
¼ c. à thé (1 ml) de piment chili Ancho en poudre
2 oz (60 g) de chocolat noir non sucré (64 à 70 % pur)
1 c. à soupe (15 ml) d'huile de canola
1 tasse (250 g) de maïs en grains
1 tasse (250 g) de haricots rouges cuits
1 pincée de sel
4 c. à thé (20 ml) d'huile de chanvre (facultatif)
2 c. à soupe (30 ml) de graines de lin ou de chanvre moulues (facultatif)

Chauffer le bouillon dans une casserole. Ajouter les tomates en boîte. Porter à ébullition puis réduire le feu. Couper les légumes et les poissons en morceaux. Réserver. Dans un poêlon, faire sauter les oignons dans l'huile de canola. Ajouter les épices et le mélange de graines et de noix. Brasser quelques minutes pour que les arômes se dégagent. Ajouter le chocolat et l'ail. Remuer pour bien faire fondre le chocolat. Verser 1 c. à soupe d'huile de canola. Mouiller le tout avec un peu de bouillon de poulet. Mélanger à l'aide d'un robot culinaire ou d'un mélangeur. Transférer la préparation dans la casserole. Déposer tous les ingrédients restants sauf l'huile de chanvre et les graines de lin moulues. Laisser mijoter de 20 à 30 minutes. Rectifier l'assaisonnement, au besoin. Ajouter un peu d'eau, si nécessaire. Verser un filet d'huile de chanvre et ajouter les graines de lin moulues, si désiré, au moment de servir.

Mijoté

au chocolat

Mijotés et ragoûts 233

Mijoté aux œufs
et au saumon oméga-3+

4 à 6 portions

10 œufs oméga-3 de calibre large	4 à 6 tranches de pain rôti entier (kamut, épeautre)
2 échalotes françaises hachées	2 tranches de saumon fumé
1 c. à thé (5 ml) d'huile de canola	1 tasse (250 g) de maïs en grains
4 c. à soupe (60 ml) de farine de kamut	¼ tasse (60 g) d'olives noires tranchées (8 à 12 entières)
4 tasses (1 l) de lait 1 %	Sel et poivre noir moulu
1 feuille de laurier	

Cuire les œufs à la coque 8 à 10 minutes. Les trancher en rondelles. Saler et poivrer. Réserver. Faire sauter les échalotes dans une casserole, dans un peu d'huile de canola. Augmenter la chaleur à moyen-élevé. Mélanger la farine avec 1 tasse de lait en utilisant un pot avec un couvercle. Verser le mélange dans la casserole avec la feuille de laurier et le reste du lait et remuer. Le mélange épaissira. Assaisonner. Réduire le feu. Incorporer le maïs. Mijoter quelques minutes, le temps de préparer le pain rôti. Ajouter le saumon fumé coupé en fines lanières et les œufs au dernier moment. Servir le mijoté sur les rôties. Parsemer d'olives noires.

Cassoulet
de la mer

4 portions

- ½ lb (250 g) de poisson gras (thon, maquereau)
- 2 branches de céleri
- 2 tranches de saumon fumé
- 2 carottes moyennes
- ½ lb (250 g) de calmars parés
- 1 gros oignon haché
- 2 gousses d'ail hachées
- 1 c. à thé (5 ml) d'huile d'olive et d'huile de soya
- 1 c. à thé (5 ml) de paprika
- Sel et poivre noir fraîchement moulu
- 2 tasses (500 g) de haricots blancs cuits
- 2 c. à soupe (30 ml) de pâte de tomate
- 2 grosses tomates en morceaux
- 1 tasse (250 ml) de jus de tomate aux palourdes
- 1 tasse (250 ml) de vin blanc
- 1 tasse (250 ml) d'eau filtrée
- 1 c. à soupe (15 ml) de persil haché
- 1 feuille de laurier
- ½ lb (250 g) de crevettes moyennes
- 1 lb (450 g) de moules
- 1 c. à soupe (15 ml) d'huile de chanvre (au goût)

Dans un chaudron, verser ½ tasse de vin avec l'eau et cuire les moules à feu élevé environ 4 minutes, à couvert. Jeter les moules qui ne se sont pas ouvertes. Extraire les moules de leurs coquilles, puis jeter les coquilles. Filtrer l'eau de cuisson. Réserver. Couper le poisson, le céleri, les tomates, les calmars et le saumon fumé en morceaux, et les carottes en rondelles. Dans une casserole, faire sauter l'oignon, les carottes et le céleri, dans le mélange d'huile d'olive et d'huile de soya. Assaisonner de paprika, puis saler et poivrer. Transférer dans un chaudron. Ajouter le saumon fumé en morceaux, les calmars, l'ail ainsi que le reste des ingrédients, sauf les moules et les crevettes. Verser le jus de cuisson des moules, le jus de tomate, l'autre moitié de vin et couvrir en ajoutant assez d'eau. Assaisonner le tout avec le persil haché et la feuille de laurier. Porter à ébullition puis baisser le feu. Couvrir et laisser mijoter de 20 à 30 minutes. Ajouter les crevettes 4 à 5 minutes avant la fin de la cuisson puis incorporer les moules cuites au moment de servir. Verser un filet d'huile de chanvre sur chaque portion, si désiré.

Mijoté aux œufs

et au saumon oméga-3+

Mijotés et ragoûts   235

Mijoté aux sardines
style mexicain

4 portions

4 sardines (11 à 13 oz / 300 à 375 g)	
2 gousses d'ail moyennes	
1 c. à soupe (15 ml) d'huile d'olive	
2 c. à soupe (30 ml) d'huile de canola	
1 poivron rouge grillé coupé en dés	
½ poivron vert en dés	
1 c. à thé (5 ml) de cumin	
3 tasses (750 g) de tomates en purée	
1 tasse (250 ml) de bouillon de poulet	
½ tasse (125 ml) d'eau filtrée	
½ à 1 c. à thé (2 à 5 ml) de piment ancho (poblano) en poudre (facultatif)	
2 tasses (500 g) de petits haricots rouges cuits	
½ à 1 c. à thé (2 à 5 ml) de piment jalapeno haché fin	
2 c. à soupe (30 ml) de persil frais haché	
2 brins de coriandre hachée	
4 c. à soupe (60 ml) de graines de chanvre et de citrouille mélangées	
1 c. à thé (5 ml) d'huile de chanvre	

Accompagnements

Tortillas	
Fromage mozzarella écrémé, râpé	
4 c. à soupe (60 ml) de crème sûre faible en gras	

Trancher les sardines évidées et les couper en morceaux. Hacher l'ail grossièrement. Dans un chaudron, faire sauter l'ail dans l'huile d'olive et de canola. Ajouter les poivrons rouge et vert et le cumin. Remuer. Ajouter les autres ingrédients : les tomates, le bouillon de poulet, les fèves rouges, les sardines, le piment ancho et le piment jalapeno. Porter à ébullition puis réduire le feu. Couvrir et mijoter de 10 à 15 minutes. Ajouter de l'eau avant la fin de la cuisson, selon l'onctuosité désirée. Verser l'huile de chanvre, le persil, la coriandre et le mélange de graines, en fin de cuisson. Servir avec des tortillas, du fromage fondu et de la crème sûre.

style mexicain

Mijoté aux sardines

Desserts et gâteries

Sucrez-vous le bec !

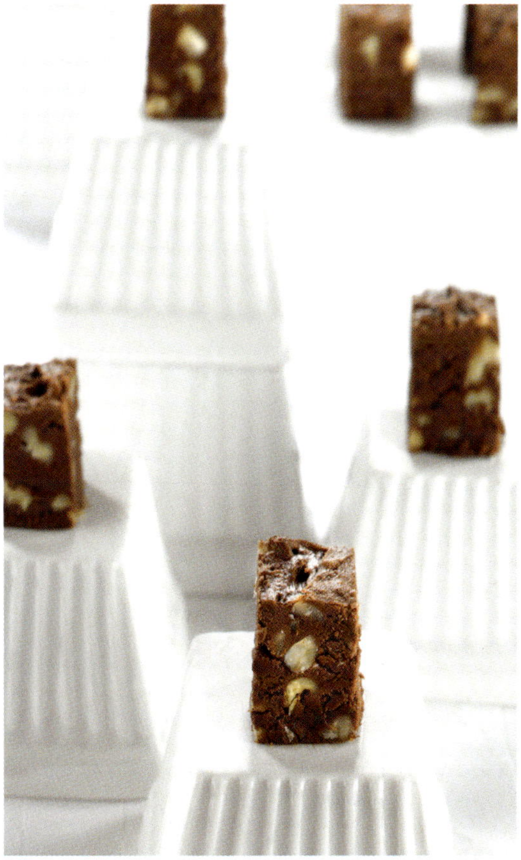

Fudge
aux noix

36 portions

2 carrés (60 g) de chocolat noir non sucré 70 % de cacao
1 blanc d'œuf oméga-3
1 pincée de sel
2 c. à soupe (15 ml) de lait 1 %
2 ½ tasses (375 g) de sucre à glacer tamisé
½ c. à thé (2 ml) d'extrait de vanille pure ou de menthe
¾ tasse (180 g) de noix de Grenoble hachées
ou de graines de chanvre écalées

Faire fondre le chocolat dans un bain-marie. Tiédir. Battre le blanc d'œuf avec le lait et une pincée de sel. Ajouter le sucre à glacer graduellement. Ajouter le chocolat fondu et l'extrait de vanille. Bien mélanger afin d'obtenir une consistance homogène. Incorporer les noix. Déposer dans un moule en verre ou un plat graissé. Faire prendre au froid. Couper en petits carrés. Conserver au réfrigérateur dans un contenant hermétique.

Carrés tendres
aux dattes et aux noix

12 barres tendres ou 36 carrés

½ tasse (125 ml) de margarine molle non hydrogénée ou de beurre
1 tasse (250 g) de dattes entières
½ tasse (125 g) de farine d'épeautre ou de blé entier, non blanchie
2 c. à soupe (30 ml) de son d'épeautre
½ c. à thé (2 ml) de poudre à pâte
¼ c. à thé (1 ml) de sel de mer fin
½ tasse (125 g) de sucre granulé
1 œuf oméga-3
1 tasse (250 g) de noix de Grenoble hachées

Préchauffer le four à 350 ºF (175 ºC). Faire fondre la margarine ou le beurre. Laisser tiédir. Dénoyauter les dattes, puis les hacher. Réserver. Tamiser les ingrédients secs. Battre le sucre avec l'œuf pour obtenir un mélange crémeux. Ajouter la margarine fondue refroidie, puis la farine. Mélanger. Incorporer les dattes et les noix. Étendre ce mélange sur une plaque à pâtisserie antiadhésive ou huilée. Cuire environ 30 minutes ou jusqu'à ce que le centre soit cuit. Laisser refroidir et couper en barres. Conserver dans un contenant hermétique ou envelopper individuellement dans de la pellicule plastique.

Fudge

aux noix

Desserts et gâteries 241

Crème glacée rapide
aux pommes, cannelle et noix

6 portions

2 tasses (500 ml) de compote de pommes non sucrée
½ tasse (125 ml) de yogourt à la vanille, faible en gras
¼ tasse (60 g) de sucre ou 2 c. à soupe (30 ml) de miel (facultatif)
1 c. à thé (5 ml) de cannelle
¼ tasse (60 g) de noix de Grenoble hachées

Mettre la compote de pommes au congélateur dans un sac hermétique ou dans un bol et laisser prendre (3 à 4 heures). Mélanger tous les ingrédients dans le robot culinaire environ 3 minutes ou jusqu'à ce que le mélange soit crémeux. Prendre soin de racler les bords du récipient, à l'aide d'une spatule. Servir immédiatement dans des verres ou des bols, avec des noix de Grenoble hachées en garniture. Conserver le reste au congélateur. Chambrer 15 minutes. Fouetter énergiquement avant de servir.

Brownies
sans gluten

20 portions

½ tasse (125 ml) de beurre ou d'huile de canola
¾ tasse (180 g) de sucre granulé
3 œufs oméga-3
¾ tasse (180 g) de farine de sarrasin vert
½ c. à thé (2 ml) de poudre à pâte
1 c. à thé (5 ml) d'extrait de vanille pure
4 morceaux (120 g) de chocolat noir non sucré 70 % de cacao
½ tasse (125 g) de noix de Grenoble hachées
¼ tasse (60 g) de graines de chanvre écalées

Glaçage (facultatif)

3 ½ carrés (100 g) de chocolat noir mi-sucré
1 c. à thé (5 ml) d'huile de noix de Grenoble
¼ c. à thé (1 ml) d'huile de lin

Préchauffer le four à 350 ºF (175 ºC). Faire fondre le chocolat dans un bain-marie. Laisser tiédir. Mélanger le beurre ou l'huile avec le sucre pour obtenir un mélange crémeux. Ajouter les œufs et la vanille et bien mélanger. Incorporer les ingrédients secs, le chocolat fondu, les noix et les graines de chanvre. Déposer dans un moule carré de 8 po (21 cm) légèrement beurré et enfariné. Cuire de 25 à 35 minutes ou jusqu'à ce qu'un cure-dents en ressorte propre. Laisser refroidir complètement sur une grille avant de glacer.

Faire fondre le chocolat dans un bain-marie. Ajouter de l'huile de noix et de l'huile de lin. Mélanger. Laisser tiédir avant de verser sur les brownies.

Crème glacée rapide

aux pommes, cannelle et noix

Desserts et gâteries

Dattes farcies
aux noix

15 portions

1 tasse (250 g) de dattes entières
1 c. à soupe (15 ml) de graines de lin
2 c. à soupe (30 ml) de pistaches
2 c. à soupe (30 ml) de noisettes
2 c. à soupe (30 ml) de pâte d'amande
1 c. à thé (5 ml) d'huile de noix
½ c. à thé (2 ml) de cardamome en poudre (facultatif)

Dénoyauter les dattes. Moudre les graines de lin. Hacher les autres noix. Ajouter l'huile de noix à la pâte d'amande afin de l'assouplir. Incorporer les noix, les graines de lin moulues et la cardamome. Mélanger. Farcir les dattes. Conserver les dattes farcies dans un contenant hermétique. Servir à la température de la pièce.

Dattes farcies
au fromage à l'orange

15 portions

4 c. à soupe (60 ml) d'un mélange de noix et de graines variées (Grenoble, citrouille, lin, chanvre)
1 tasse (250 g) de dattes entières
4 c. à soupe (60 ml) de fromage à la crème léger
½ à 1 c. à thé (2 ou 5 ml) de zeste d'orange
½ c. à thé (2 ml) de concentré de jus d'orange

Hacher ou moudre les graines et les noix, au goût. Dans un bol, verser tous les ingrédients et mélanger à l'aide d'une fourchette. Dénoyauter les dattes et les couper sur la longueur. Les farcir avec un petit couteau à beurre. Conserver dans un contenant hermétique au réfrigérateur. Servir à la température de la pièce

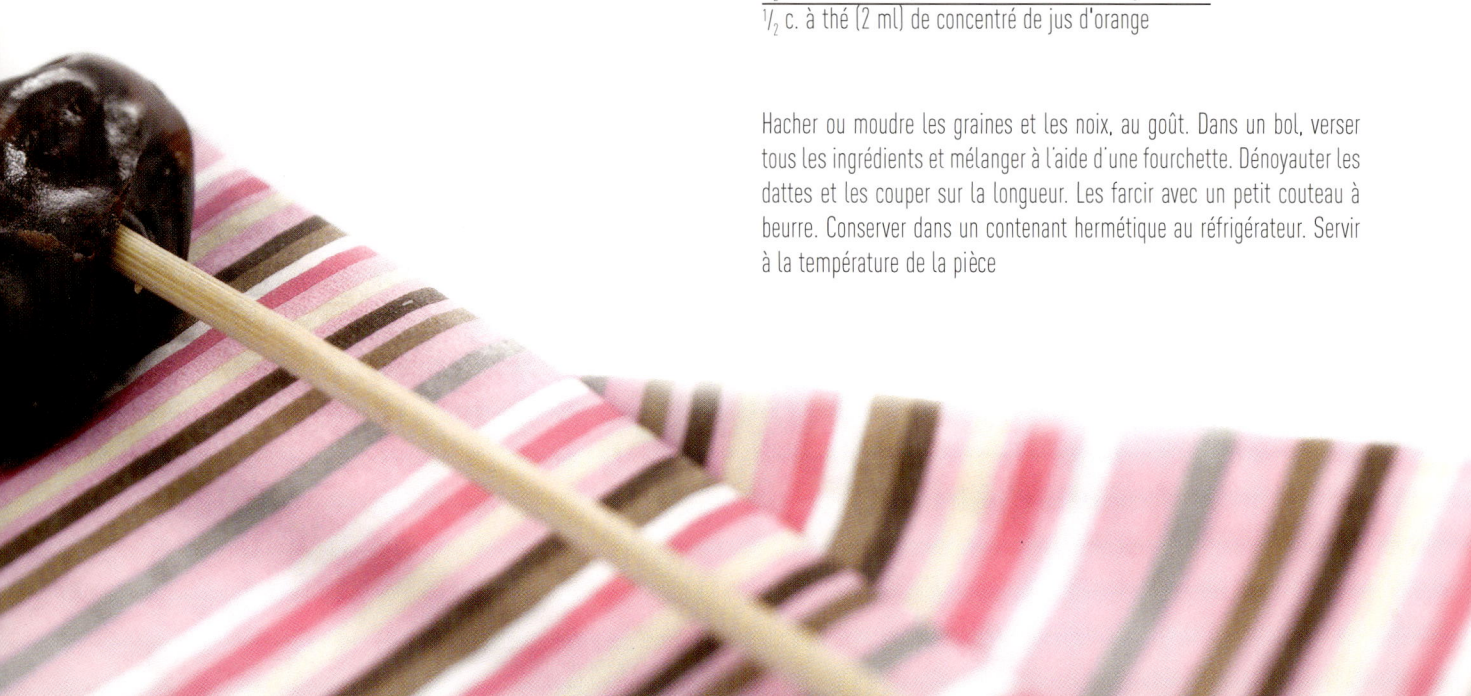

Dattes farcies

aux noix

Desserts et gâteries   245

Gâteau aux carottes
et aux noix (sans gluten)

10 à 12 portions

- 2 tasses (500 g) de farine de sarrasin vert ou de blé entier
- 2 c. à thé (10 ml) de poudre à pâte
- 1 c. à thé (5 ml) de bicarbonate de soude
- ½ c. à thé (2 ml) de sel de mer fin
- 2 c. à thé (10 ml) de cannelle
- 1 pincée de clou de girofle
- 4 œufs oméga-3
- 1 tasse (250 g) de sucre granulé
- 1 tasse (250 ml) d'un mélange d'huile (canola, soya et tournesol)
- ½ tasse (125 g) de carottes râpées
- 1 tasse (250 g) d'ananas en morceaux égouttés
- ¾ tasse (180 g) de noix de Grenoble hachées

Glaçage au fromage

- 8,81 oz (250 g) de fromage à la crème léger
- 2 ½ tasses (375 g) de sucre à glacer
- ½ c. à thé (2 ml) d'extrait de vanille pure
- ½ tasse (125 g) d'ananas déshydratés hachés
- 2 c. à soupe (30 ml) de graines de lin moulues (facultatif)

Préchauffer le four à 325 ºF (160 ºC). Graisser et enfariner un moule à cheminée (type « bundt ») de 10 po (25,4 cm). Tamiser les ingrédients secs. Fouetter les œufs avec le sucre pour obtenir un mélange crémeux. Ajouter la farine en 3 fois en alternant avec l'huile. Ajouter les carottes, l'ananas et les noix. Bien mélanger. Cuire environ 40 à 45 minutes ou jusqu'à ce qu'un cure-dent en ressorte propre. Laisser refroidir. Démouler sur une grille.

Pour le glaçage, hacher les ananas. Dans un petit bol, battre le fromage pour qu'il soit crémeux. Ajouter le sucre à glacer en petite quantité. Parfumer avec l'extrait de vanille. Fouetter énergiquement. Ajouter les ananas et les graines de lin moulues. Remuer. Étendre à l'aide d'une spatule sur le dessus du gâteau ou conserver au réfrigérateur dans un contenant hermétique.

Suggestions
Aromatisez le gâteau à la cardamome.

Pop-corn
aux fruits et aux noix

- ¾ tasse (180 g) de cassonade dorée
- 2 c. à soupe (30 ml) de sirop de maïs
- ¼ c. à thé (1 ml) de sel
- 8 tasses de maïs soufflé nature
- ½ tasse (125 g) de noix de Grenoble
- ½ tasse (125 g) de noix de pacane
- 1 tasse (250 g) de fruits secs (raisins, canneberges, papaye et abricots hachés)
- ¼ tasse (60 ml) de jus d'ananas
- 3 c. à soupe (50 ml) de margarine molle non hydrogénée ou de beurre
- Huile de tournesol supplémentaire

Mettre le jus, le beurre ou la margarine, la cassonade, le sirop de maïs et le sel dans une casserole. Porter à ébullition durant 7 à 8 minutes. Le mélange épaissira. Retirer du feu. Ajouter le maïs soufflé, les noix et les fruits secs. Étendre sur du papier sulfurisé (ciré). Huiler ses mains pour façonner des boules, ce qui facilite l'opération. Ce mélange peut être fait quelques jours à l'avance. Conserver dans un contenant hermétique, séparé par du papier sulfurisé (ciré).

Suggestions
Pour des boules croustillantes, préchauffez le four à 400 ºF (205 ºC), disposez les dans des moules à muffins et cuire environ 3 à 4 minutes en surveillant. Laisser refroidir complètement avant de servir.

Gâteau aux carottes

et aux noix (sans gluten)

Noix et fruits séchés
au miel épicé

5 bocaux de 100 ml

- 2 tasses (500 ml) de miel doux de qualité
- 1 tasse (250 g) de cerneaux de noix de Grenoble
- ¾ tasse (180 g) de fruits secs mélangés (canneberges, figues, raisins, dattes, abricots)
- 1 bâton de cannelle (facultatif)
- 1 clou de girofle (facultatif)
- 1 anis étoilé (facultatif)
- Zeste d'une orange moyenne

Chauffer le miel à feu doux environ 10 minutes. Ajouter une ou plusieurs épices et le zeste. Retirer du feu et laisser infuser. Goûter et rectifier les épices, si nécessaire. Remplir les pots de verre de noix et de fruits secs. Verser le miel jusqu'au bord. Fermer hermétiquement. Se conserve au réfrigérateur jusqu'à 1 mois. Chambrer avant de servir.

Biscuits
ChocOméga

Environ 30 biscuits ou 2 1/2 douzaines

- 1 tasse (250 g) de cassonade dorée
- ¼ tasse (60 g) de sucre granulé
- 2 œufs oméga-3
- ½ tasse (125 ml) de beurre fondu non salé
- ½ tasse (125 ml) d'huile de canola
- 4 oz (120 g) de chocolat mi-amer (64 à 70 % de cacao)
- 1 c. à thé (5 ml) d'extrait de vanille pure
- 2 tasses (500 g) de farine de blé entier ou de kamut
- ½ c. à thé (2 ml) de poudre à pâte
- ½ c. à thé (2 ml) de bicarbonate de soude
- ¼ c. à thé (1 ml) de sel
- ½ tasse (125 g) de canneberges séchées hachées
- ½ tasse (125 g) de noix de Grenoble hachées
- ¼ tasse (60 g) de chocolat mi-sucré haché

Tamiser la farine, la poudre à pâte, le bicarbonate de soude et le sel. Réserver. Faire fondre le chocolat dans un bain-marie. Laisser tiédir. Fouetter le sucre et la cassonade avec les œufs en incorporant le beurre fondu et l'huile. Parfumer à la vanille. Ajouter le chocolat fondu. Mélanger. Verser la farine en trois fois. Bien mélanger jusqu'à l'obtention d'une pâte lisse. Incorporer les canneberges, les noix et les morceaux de chocolat hachés. Déposer à l'aide d'une cuillère sur une plaque à cuisson graissée en laissant 1 po (2,54 cm) d'intervalle entre les biscuits. Cuire sur la grille du centre dans un four préchauffé à 375 °F (190 °C) environ 8 minutes. Laisser refroidir complètement avant de les entreposer dans un contenant hermétique.

Donne environ 2 ½ douzaines de biscuits qui se conservent 5 jours non réfrigérés.

Suggestions

Pour des biscuits plus secs, mélangez seulement ½ tasse de margarine molle non hydrogénée ou d'huile et remplacez la quantité de cassonade par du sucre granulé. Faites cuire un peu plus longtemps, soit 10 à 12 minutes.

Noix et fruits séchés

au miel épicé

Desserts et gâteries 249

Sablés aux noix
aromatisés au romarin

Environ 36 biscuits ou 3 douzaines

¼ tasse (60 ml) d'huile d'olive
¼ tasse (60 ml) d'huile de canola ou de soya
1 petit brin de romarin
2 œufs oméga-3 + 2 jaunes
1 tasse (250 g) de sucre granulé
3 tasses (750 g) de farine de blé entier
⅓ tasse (80 g) de noix de Grenoble hachées
5 c. à soupe (75 ml) de dés de mangue séchée

Préchauffer le four à 350 ºF (175 ºC). Chauffer le mélange d'huiles à feu doux avec le brin de romarin. Hors du feu, laisser infuser 30 minutes environ. Battre les œufs avec le sucre, à la main ou à l'aide d'un batteur électrique, jusqu'à ce que le mélange soit mousseux et qu'il ait pâli. Verser la farine et l'huile de canola ou de soya, en 3 fois. Mélanger à l'aide d'une cuillère de bois ou pétrir avec les doigts jusqu'à ce que la pâte ne colle plus aux doigts. Ajouter de la farine au besoin. Incorporer les noix et les dés de mangue. Former une boule. Recouvrir de pellicule plastique et mettre au réfrigérateur pour 1 heure. Recouvrir l'aire de travail de papier sulfurisé (ciré). Étaler la pâte. Elle ne doit pas avoir plus de ¼ po (5 mm) d'épaisseur. Tailler à l'aide d'un emporte-pièce ou d'un verre. Cuire environ 15 minutes. Laisser refroidir complètement avant de ranger les biscuits dans un contenant hermétique.

Sablés aux noix

aromatisés au romarin

Desserts et gâteries 251

Cigares aux noix
avec feuille brick

12 portions

Sirop

1 c. à soupe (15 ml) de jus de citron	
½ tasse (125 ml) de miel	
¾ tasse (200 ml) d'eau filtrée	
1 ½ c. à thé (7 ml) d'eau de fleur d'oranger (facultatif)	
1 brin de menthe	

Farce

- 1 tasse (250 g) de noix de Grenoble
- 1 c. à thé (5 ml) de cannelle
- 1 c. à thé (5 ml) de zeste d'orange
- 3 c. à soupe (50 ml) de miel
- 1 c. à soupe (15 ml) d'huile d'olive
- 3 feuilles de brick (8 ½ pouces carrés - 215 mm)
- 1 jaune d'oeuf oméga-3

Préchauffer le four à 375 °F (190 °C). Huiler légèrement du papier parchemin couvrant une plaque à cuisson. Hacher les noix. Ajouter le miel et l'huile. Saupoudrer de cannelle et de zeste d'orange. Mélanger.

Pour le sirop, verser le jus de citron dans une casserole. Ajouter le miel, la menthe et l'eau filtrée. Remuer jusqu'à dissolution. Laisser mijoter le sirop à feu moyen durant 5 minutes. Laisser tiédir hors du feu. Réserver dans un bol. Verser l'eau de fleur d'oranger.

Prendre soin de recouvrir les feuilles de pâte brick d'un linge humide. Déposer la farce aux noix au bord de la feuille. Rouler en procédant rapidement et avec précaution. Déposer la bordure des rouleaux à plat. Badigeonner de jaune d'œuf battu. Cuire environ 15 à 20 minutes ou jusqu'à ce que les rouleaux soient dorés. Napper de sirop. Couper en deux. Servir chaud ou tiède.

Abricots aux noix
et au chocolat

- 1,5 oz (50 g) de chocolat noir mi-sucré 70% de cacao
- 8 à 10 abricots séchés
- 8 à 10 cerneaux de noix de Grenoble

Couvrir de papier sulfurisé (ciré) une plaque à cuisson. Faire fondre le chocolat doucement dans un bain-marie. Laisser tiédir. Couper les cerneaux de noix en deux ou selon la grosseur des abricots. Ouvrir délicatement la cavité des abricots et y introduire un morceau de noix. Badigeonner de chocolat fondu. Laisser durcir. Envelopper individuellement dans du papier sulfurisé (ciré) ou d'aluminium. Se conserve dans un contenant hermétique 1 à 2 semaines.

Cigares aux noix

avec feuille brick

Desserts et gâteries — 253

Bouchées
de chocolat noir épicé

4 à 6 portions

- 1/4 tasse (60 g) de canneberges séchées
- 7 oz (200 g) de chocolat noir mi-sucré 70 % de cacao
- 1 pincée de Cayenne
- 1 c. à soupe (15 ml) de graines mélangées moulues (chanvre, citrouille, tournesol)
- 1/2 tasse (125 g) de noix de Grenoble hachées
- 1/2 à 1 tasse (125 à 250 g) de céréales soufflées (riz, quinoa soufflé)
- 1 c. à thé (5 ml) de cannelle

Vaporiser d'huile du papier parchemin recouvrant une plaque à cuisson. Hacher les canneberges en dés fins. Faire fondre le chocolat dans un bain-marie. Remuer. Retirer du feu. Ajouter la pincée de Cayenne et la cannelle. Incorporer les canneberges séchées en dés, les graines, les noix et les céréales. Laisser reposer quelque temps jusqu'à ce que le chocolat soit assez tiède. Façonner des boules dans des moules à muffins huilés, en silicone ou en papier, ou encore, verser le mélange sur le papier parchemin en une couche pas trop mince. Laisser durcir avant de tailler. Conserver dans un contenant hermétique ou dans du papier sulfurisé (ciré). Servir en accompagnement d'une salsa de fruits ou même de légumes.

Brochettes
d'ananas en meringue

12 portions

- 1 ananas mûr tranché (ou en conserve)
- 1/2 tasse (125 g) de noix et de graines mélangées (noix de Grenoble, pacanes, cajou et graines de lin)
- 1 c. à thé (5 ml) de zeste de citron fin
- 1 à 2 pincées de poivre noir finement moulu
- 1/8 tasse (17 g) de sucre granulé
- 3 blancs d'œufs oméga-3
- 1 pincée de sel

Suggestions
Utilisez d'autres fruits et ajoutez des épices : quartiers de pomme et cannelle, morceaux de banane et muscade, fraises et estragon, ou encore, quartiers de pêche au piment de Jamaïque ou des poires saupoudrées de poivre Sichuan.

Préchauffer le four à 350 °F (175 °C). Couvrir de papier sulfurisé (ciré) une plaque à cuisson. Trancher les rondelles d'ananas en deux. Déposer sur du papier absorbant. Moudre finement les noix et les graines. Réserver. Saupoudrer la feuille de papier sulfurisé de noix, de zeste de citron et de poivre frais moulu, si désiré. Déposer les tranches d'ananas sur les noix. Les retourner pour couvrir les deux côtés. Faire fondre le sucre dans un bain-marie. Transférer dans le bol du batteur électrique. Ajouter les blancs d'œufs et la pincée de sel. Battre jusqu'à formation de pics fermes. Piquer les ananas sur des brochettes de bois préalablement trempées dans l'eau et les recouvrir de meringue. Disposer des moitiés de pommes de terre crues sur une plaque à cuisson ou dans un plat allant au four. Piquer les brochettes. Cuire au four jusqu'à ce que la meringue soit dorée, environ 8 à 10 minutes. Servir immédiatement dans des verres ou piquées sur des moitiés de fruits frais.

Bouchées

de chocolat noir épicé

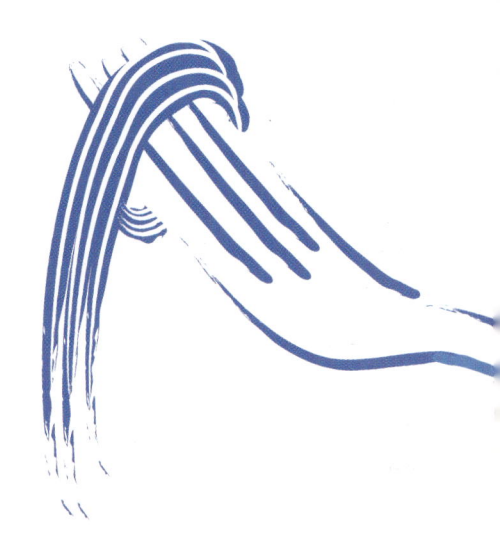

Découvrez les plaisirs de manger santé !